重訂春秋公羊傳曆譜

（附廣英堂遺稿）

〔清〕包慎言 撰

曾新桂 陳殿 郜積意 整理

圖書在版編目(CIP)數據

重訂春秋公羊傳曆譜 ：附廣英堂遺稿 ／（清）包慎言撰 ； 曾新桂，陳殿，郜積意整理. -- 上海 ：上海古籍出版社，2024. 9. --（曆學與經學文獻叢刊 ／ 陳殿，郜積意主編）. -- ISBN 978-7-5732-1324-2

Ⅰ. K225. 04

中國國家版本館 CIP 數據核字第 2024FW5689 號

曆學與經學文獻叢刊

重訂春秋公羊傳曆譜
（附廣英堂遺稿）

〔清〕包慎言　撰

曾新桂　陳　殿　郜積意　整理

上海古籍出版社出版發行

（上海市閔行區號景路 159 弄 1 - 5 號 A 座 5F　郵政編碼 201101）

（1）網址：www. guji. com. cn

（2）E-mail：guji1@guji. com. cn

（3）易文網網址：www. ewen. co

啓東市人民印刷有限公司印刷

開本 890×1240　1/32　印張 10　插頁 3　字數 251,000

2024 年 9 月第 1 版　2024 年 9 月第 1 次印刷

ISBN 978 - 7 - 5732 - 1324 - 2

K · 3692　定價：52. 00 元

如有質量問題,請與承印公司聯繫

本書受到

國家社科基金重大項目“臺灣經學文獻整理與研究（1945—2015）”
（16ZDA181）

國家社科基金一般項目“《春秋》經傳天文曆算研究”
（18BZW070）

資助

整 理 前 言

包慎言,字孟開,安徽涇縣人,道光十五年舉人,包世臣族子。生卒年未詳。據桂文燦經學博采録云"壬子之夏,于陳卓人比部座上晤之",壬子是咸豐二年(1852)。又據劉壽曾廣英堂遺稿跋云"咸豐辛酉(1861),先君子哀集先生遺文,得十二篇",則包氏卒年當在 1852 年至 1861 年間。

包氏生平事迹,文獻記載闕略。其爲人也,自言"性迂拙,寡所偕"(文學汪君哀辭)。時人或謂其"秉性孤高,目空一切"(桂文燦經學博采録),或謂其"器宇淵粹,望而知爲端人長者"(劉壽曾廣英堂遺稿跋)。蓋譽者或過其實,毀者或損其真,知人論世,豈易也哉?今讀其書,觀其志,原情究心,庶幾博寡而要信焉。觀包氏爲友人汪穀作哀辭云:

> 歸熙甫表方思曾,謂其才可有爲,而以困於有司,汩没俗學,繼乃頹然自放,因嘆息於成才之難。余獨怪天之艱於生才,往往數千百人之中而始遇一人。乃亦既生之,猶復多方厄塞,以阻其氣而亂其守。若夫守堅志定,得失不以擾其心,榮辱不以攖其慮,毅然以一身與古人相後先而從之,則又遽隕其年而促其壽。夫豈造物者之果不欲成人美與?

噫,天意玄邈難測,果不果欲成人美者,不敢知也。昔史公以顏回、盜跖而發壽夭之問,今包氏見汪穀之不年而興成才之

1

嘆。其品格孤高，才思深湛，中心蘊藉之厚，於此文約略可見。包氏嘗云"旅揚幾二十載，所與交遊者不過十數人"（文學汪君哀辭），考其交遊者，如劉文淇、劉寶楠、梅植之等，皆名家宿學。據劉恭冕論語正義後叙云："劉文淇、梅植之、包慎言、柳興恩、陳立相約各治一經，加以疏證。"梅植之哀二友詩薛子韻亦云"泛舟及包劉，遂結注書約"。今雖不知其所注何經，然以二劉左傳舊注疏證、論語正義及陳立公羊義疏，亦可想見包氏學問之博洽。

　　包氏之撰述，據時人所言，有讀孟偶詮、公羊隅見若干卷（桂文燦經學博采錄），有公羊傳曆譜、論語溫故錄二書（劉壽曾廣英堂遺稿跋）。然今日所見者，僅公羊曆譜而已。劉毓崧、劉壽曾父子蒐集包氏遺文十二篇，後涇縣洪琴西又蒐得遺文二篇，合爲十四篇，即此廣英堂遺稿也。觀其所論，博學審問，深思明辨，如與凌曉樓書，謂諸侯親迎必當越竟，大夫則不然。與胡培翬書，謂燕寢當有南戶。又謂雅、頌以音言，非以詩言，皆精見疊出，邃於經學者也。

　　公羊傳曆譜，乃包氏據殷曆推排春秋二百四十二年朔閏及二十四節氣日。所以用殷曆者，緣何休注公羊多引緯書，"緯所據者，殷曆也"（新唐書引一行曆議）。又舊說云周建子，殷建丑，夏建寅，故包氏曆譜即以丑正爲歲首。但此書傳寫有誤，如推求隱公元年冬至，譜云：

　　　　以日餘一百六十六乘入蔀年，得氣餘一千四百九十四，以中法三十二除之，得四十六，爲大餘；不盡二十二，爲小餘。命大餘起癸酉，算外，得己未，爲天正冬至初十日。（重點號係整理者所加，乃包氏誤算之數）

　　案日餘一百六十六，當作"一百六十八"。殷曆爲四分曆，一年三百六十五日又四分日之一，除去 360 日，爲歲餘 5 又 1/4 日，以 32 通之，得 168/32。此 168，即是“日餘”。今包氏云日餘一百六十六，蓋涉筆偶誤，然通書皆據 166 推排，故曆譜之誤算者，舉不勝舉。如隱公元年殷曆入癸酉蔀十年算上，求冬至日：（10－1）× 168/32＝1512/32＝47＋8/32。47，即是氣大餘，命起癸酉，算外，得庚申，是冬至日名。8，即氣小餘。故上引文宜校改如下：“以日餘一百六十〔八〕乘入蔀年，得氣餘一千〔五百十二〕，以中法三十二除之，得四十〔七〕，爲大餘；不盡〔八〕，爲小餘。命大餘起癸酉，算外，得〔庚申〕爲天正冬至〔十一〕日。”

公羊傳曆譜，收於王先謙清經解續編中，是書但記朔氣干支及天正月氣朔大小餘，並無考證。然陳立公羊義疏所引包氏曆譜，卻有考證經傳曆日之文。竊疑陳氏所引，或是包氏原譜。蓋自杜預長曆以降，學者編排春秋曆譜，皆須考證以足徵驗，否則，學理不具，曆譜難信。故斯篇所重訂者，一則改正包氏誤算之數，一則據陳立所引包氏之文，附於曆譜各年之末，庶幾不謬於包氏撰述之旨。自來治左氏者，編排長曆不乏其人；治公羊者，僅包氏曆譜而已。故陳立撰公羊義疏，凡經傳曆日，皆據包氏曆譜。然則，治公羊者，不可少此一編也。兹叙校例如次：

一、整理春秋公羊傳曆譜所據底本，即清經解續編本（光緒十四年南菁書院刊本）。

二、錄陳立公羊義疏引包氏考證之文，附於曆譜各年之末。

三、包氏據殷曆推算冬至，所據日餘數一百六十六有誤，通書皆據此誤算。今用日餘一六十八分重算，所得氣朔大小餘與包氏原書互有異同，別作訂正公羊傳曆譜示例。今校記但出干支之誤，至於算草之誤，爲避繁瑣，則逕改不出校。

四、包氏於是書卷首舉殷曆算術，今略爲疏通（○後小字注釋），以便於讀者推算。

五、包氏卷首推步法及曆譜所注氣朔大小餘所用數字，原爲舊式算籌數碼，今以阿拉伯數字易之，參見訂正公羊傳曆譜示例。

六、包氏原書十一卷，卷首推步法與隱公曆譜合爲一卷，今析春秋公羊傳曆譜推步法於卷首，並次訂正公羊傳曆譜示例於後。

七、所附包氏廣英堂遺稿，據北大圖書館藏清刊本整理。

目 録

1

重訂春秋公羊傳曆譜

春秋公羊傳曆譜推步法

<u>殷術甲寅元</u>,<u>魯隱公元年己未</u>距積二百七十五萬九千六百四十五。○釋曰:<u>開元占經</u>卷一百五,<u>殷曆</u>上元甲寅至<u>唐開元</u>二年(714),積二百七十六萬一千八十算外。據此,則<u>殷曆</u>甲寅上元至<u>魯隱公</u>元年己未(前722),積二百七十五萬九千六百四十五算外。

置積,滿元法四千五百六十,^①○釋曰:積,即積年。古六曆如<u>黄帝曆</u>、<u>顓頊曆</u>、<u>夏曆</u>、<u>殷曆</u>、<u>周曆</u>、<u>魯曆</u>及<u>東漢元和庚申元曆</u>,以四分之一爲一歲三百六十五日之餘分,故通稱四分曆。四分曆以三百六十五日四分日之一爲歲實,定用十九年七閏,$(365+1/4) \times 19 = 6939+3/4$,$(12 \times 19+7) \times (29+499/940) = 6939+3/4$,19年凡6939.75日,歷235月,則每月得29整日,餘數499/940。是時天正冬至與月朔齊,因命19年爲一章歲。一章19年氣、朔雖齊,日有餘分3,是不會於旦(即夜半,爲一日之始)。更歷4章歲,76年,27759日,天正冬至、月朔同會於夜半,因命4章凡76年爲一蔀之年,命27759以爲蔀法。一蔀之日27759,$27759 = 60 \times 462+39$,歷462甲子,猶有餘數39,日不周於甲子。取[39,60]最小公倍數,$39 \times 20 = 60 \times 13$,更20蔀1520年,天正朔、旦、冬至復於甲子,因命1520年爲一紀。一紀之年1520,$1520 = 60 \times 25+20$,$20 \times 3 = 60$,歷3紀4560年,於時天正朔旦冬至,氣朔同期,日周於甲子,年復於<u>殷曆</u>上元甲寅,以4560年爲一元,命4560爲元法。去之,餘八百四十五,不滿紀法一千五百二十。○釋曰:四分曆一元4560年,分爲三紀,天紀、地紀、人紀。每紀1520年,因以爲紀法。即爲入天紀年。○釋曰:此算隱公元年入紀之年數。元法4560,紀法1520。滿元法去之者,謂積年除以元法,即$2759645 \div 4560 = 605+845/4560$,相除後得整數凡605元,餘數845年,不滿紀法1520,故知入天紀845年算外。凡積年除以元法之餘數不滿紀法者,即餘數≤1520,則入天紀,並以餘數爲入天紀年。凡滿元法後之

---

① 元,原訛作九。<u>殷曆</u>以四千五百六十年爲一元,4560即是元法。

3

餘數在紀法與二倍紀法之間者,即 1520＜餘數≤3040,則入地紀,餘數再減紀法 1520,所得爲入地紀年。凡入紀年在二倍紀法以上者,即 3040＜餘數＜4560,則入人紀,餘數減二倍紀法 3040,所得爲入人紀年。

置入紀年,以蔀法七十六除之,得十一,不盡九,爲入蔀年。○釋曰:此算入蔀年。一紀爲二十蔀,一蔀 76 年,76 即蔀法。魯隱公元年入蔀算法:845÷76＝11+9/76。自甲子蔀起算,算外 11,即所入之蔀。據下二十蔀之名,自甲子蔀起算,算外 11,入癸酉蔀。餘數 9 是入蔀之年。知隱公元年入癸酉蔀九年算外。

一、甲子蔀甲寅	二、癸卯蔀庚午	三、壬午蔀丙戌
四、辛酉蔀壬寅	五、庚子蔀戊午	六、己卯蔀甲戌
七、戊午蔀庚寅	八、丁酉蔀丙午	九、丙子蔀壬戌
十、乙卯蔀戊寅	十一、甲午蔀甲午	十二、癸酉蔀庚戌
十三、壬子蔀丙寅	十四、辛卯蔀壬午	十五、庚午蔀戊戌
十六、己酉蔀甲寅	十七、戊子蔀庚午	十八、丁卯蔀丙戌
十九、丙午蔀壬寅	二十、乙酉蔀戊午	

○釋曰:此釋殷曆二十蔀名及蔀首年名。甲子、癸卯者,蔀首之日名,因以爲一蔀 76 年之總名;甲寅、庚午者,蔀首之年名。一蔀 76 年,一年 365 日又 1/4 日,則一蔀之日:〔365+1/4〕×76＝27759。一紀二十蔀,一紀之日:27759×20＝555180。一紀之日適周甲子,555180÷60＝9253,紀首之日復於甲子。殷曆紀首以甲子日朔旦爲冬至,故第一蔀以甲子命名。甲子蔀既定,閱 76 年凡 27759 日,下蔀之首日冬至日名即是癸卯,算法:27759-60×462＝39,自甲子起算,算外 39,得癸卯蔀名。同理,自癸卯起算,算外 39,即壬午蔀。自壬午起算,算外 39,得辛酉蔀。餘皆類此。又,殷曆上元年名甲寅,即甲子蔀之年;歷七十六年,則年名庚午,即 76-60＝16,自甲寅起算,算外 16,得庚午,故知癸卯蔀年名爲庚午。下蔀年名,命起庚午,算外 16,爲丙戌,則壬午蔀年名即是丙戌。循此類推。

依次命入第十二癸酉蔀九年,命起庚戌,算外得己未。○釋曰:此釋隱公元年年名。以蔀法七十六除之得十一,算外十二爲癸酉蔀。癸酉蔀首之年名庚戌,今隱公元年入癸酉蔀九年,命起庚戌,算外 9,得隱公元年年名己未。

置入蔀年,以章月二百三十五乘之,得二千一百十五,以章歲十九除之,得一百十一,爲積月;不盡六,爲閏餘。○釋曰:此求積月及閏餘,即 9×235/19＝2115/19＝111+6/19。111,即是九年所積之月數。6 是閏餘。殷曆凡閏餘數在 12 以上者，皆有閏。四分曆一蔀 76 年，940 月，則每 19 年有 235 月，因以 19 爲章歲，235 爲章月。

置積月，以蔀日二萬七千七百五十九乘之，得三百零八萬一千二百四十九，①爲朔分。以日法九百四十除之，得三千二百七十七，爲積日；不盡八百六十九，爲小餘。○釋曰：此求積日及朔餘分，即 111× 27759/940=3081249/940=3277+869/940。3277，即是積日，謂 9 年 111 月所積之日數。869 是朔小餘。四分曆一蔀 76 年，940 月，27759 日，則一月之日數爲 29 又 499/940 日。以一日通爲 940 分，則一月有 27759 分，與一蔀之日數等，因以爲一月之日分數。凡曆一月 29 又 499/940 日，日月再會爲朔，故下文稱 29 爲朔實，499 爲朔餘，940 爲日法。

置積日，滿旬周六十去之，餘三十七，爲大餘，命起癸酉，算外得庚戌，爲天正月朔。○釋曰：此求天正朔日名。算法：3277−60×54＝37。37，即是朔大餘。自蔀首日癸酉起算，算外 37，得天正月朔日名庚戌。

置大餘三十七，加朔實二十九，得大餘六十六。置小餘八百六十九，加朔餘四百九十九，得一千三百六十八，滿日法一，歸入大餘，得二月大餘六十七，小餘四百二十八。

置大餘六十七，滿旬周去之，餘七，命起癸酉，算外得庚辰爲二月朔。○釋曰：此求天正二月朔日名。其法：凡求次月之朔，上月朔大餘加 29，滿 60 去之；小餘加 499，滿 940，進 1，歸入大餘。此二月之朔大餘：37＋29＝66。朔小餘：869＋499＝1368，滿 940，進 1，歸上大餘 66，凡 67，大餘滿 60 去之，即 67−60＝7，自癸酉起算，算外 7，得庚辰，是爲二月朔。小餘 428，即 1368−940＝428。

以下每加大餘二十九，小餘四百九十九，爲每月朔。大餘滿六十，去之；小餘滿九百四十，收作一日，歸入大餘。○釋曰：此求天正三月朔以下之日名。其法與求二月朔日名同。

以日餘一百六十六乘入蔀年，②得氣餘一千四百九十四，以中法三十二除之，得四十六，爲大餘；不盡二十二，爲小餘。命大餘起

---

① 二百，原訛作"一百"，據算法改正，即 111×27759＝3081249。

② 一百六十六，誤，當作"一百六十八"。四分曆一歲 365.25 日，以滿六甲子之盈數 5.25 爲一歲之餘。以中法 32 乘歲餘，32×5.25＝168，因以 168 爲日餘。案：包氏將四分曆日餘誤書爲"一百六十六"，固爲一時之疏忽。然此文以下及春秋二百四十二年曆譜均據日餘一百六十六立算，遂成通篇之齟齬。斯篇原其撰述之意與開篇之例，重爲刪定，庶幾不失包氏之初志。下文凡包氏誤算之文，皆加黑點，下附校正之文。

癸酉，算外得己未，爲天正冬至初十日。○釋曰：此求冬至日名。每年三百六十五日又四分日之一，除去 360 日，餘 5 又 1/4 日，通分得 168/32，168，即是日餘。今包氏云日餘一百六十六，蓋涉筆偶誤。故其下算數，皆因此而誤。茲校改如下：以日餘一百六十(八)乘入蔀年，得氣餘一千(五百十二)，以中法三十二除之，得四十(七)，爲大餘；不盡(八)，爲小餘。命大餘起癸酉，算外得(庚申)，爲天正冬至(十一)日。案以上所得隱公元年入癸酉蔀 9 年入算，如下：9×168/32＝1512/32＝47＋8/32。47，即是氣大餘，自癸酉起算，算外 47，得庚申，爲冬至日名。8，即氣小餘。

求次氣，每加大餘十五，小餘七。大餘滿六十，去之；小餘滿三十二，收作一日，歸入大餘。○釋曰：此求次氣日名。上算得隱公元年冬至大餘 47，小餘 8。則次氣小寒大餘：47＋15＝62，滿 60，去之，餘 2，是大餘 2。命起癸酉，算外 2，得乙亥，知小寒爲天正正月二十六日乙亥。小餘 15，即 8＋7＝15。依此類推。案一歲之日，六旬周 360 外有日餘 168 分，均爲 24 氣，則每氣得 15 日，360÷24＝15，168÷24＝7，因以 15 爲氣大餘，7 爲氣小餘。此處算氣小餘據日餘一百六十八立算，本自不誤，足見“一百六十六”初爲涉筆之誤，非算理之窮，亦無“別有深意”可求。

求閏月。以閏餘減章法，以十二乘之，滿章閏七，得一；滿四以上，亦得一。從天正月起，算外，即所求年閏月。閏餘十二以上，其歲有閏。○釋曰：此求閏月術也。閏餘十二以上，其歲有閏，隱公元年閏餘 6，不及 12，故無閏。茲以隱公二年爲例，案隱公元年入癸酉蔀九年算外，則隱公二年入癸酉蔀十年。求積月及閏餘：10×235/19＝2350/19＝123＋13/19。積月 123，閏餘 13，大於 12，故有閏。求閏月所在：(19－13)×12÷7＝10＋2/7，命起天正月，算外 10，知閏在十一月。是隱公二年閏天正十一月。此云“滿四以上，亦得一”者，後漢四分曆謂“滿四以上，亦得一筭之數”，義指閏月之進退，由中氣而定。隱公二年求閏月所在，餘分爲 2/7，分子 2，未滿 4，不在此例。今以隱公五年爲例，此年入癸酉蔀 13 年，積月 13×235/19＝3055/19＝160＋15/19，閏餘 15，大於 12，有閏。求閏月所在：(19－15)×12÷7＝48/7＝6＋6/7，命起天正月，算外 6，閏當在天正七月。但餘分數 6/7 之分子 6，大於 4，故是否必閏 7 月，猶待中氣而定。案：一章歲 19 年積 235 月，均分之，每歲 12 月外有 7/19 月。上算積月及閏餘以章歲 19 爲法，則歲首閏餘每加 7 爲來歲之閏餘；若加 7 後滿 19，則歸於一月，當年有閏。每歲 12 中氣，7/19 月均分之，得每中 7/228 閏分。閏餘乘 12，通爲閏餘分，天正後歷若干月即加月數乘 7 閏餘分，滿 228 則閏在當月。閏餘×12＋閏分 7×月數≥228，有閏。移項後，閏餘×12＋閏分 7×月數≥228－閏餘×12。整理，月數≥(19－閏餘)×12÷7。術文所謂“以閏餘減章法，以十二乘之，滿章閏七，得一”，與算式意同。

隱元年正月前之十一月，①大餘三十七，小餘八百六十九。氣大餘四十六，小餘二十二。○釋曰：此云"氣大餘四十六，小餘二十二"者，乃包氏誤以日餘一百六十六爲算。據日餘一百六十八爲算，當云"氣大餘四十七，小餘八"。説見上。

假如入蔀年 1234 年，②從入蔀年算至本年前十一月故。○釋曰：此爲包氏自注。入蔀年，宜云入紀年。一蔀凡七十六年，言入蔀年者，不得踰乎七十六之數。減一，得 1233 年，○釋曰：減一者，謂入紀年至所求年爲算上年數。若是算外年，不得減一。以章月乘之，得 289755，滿章法而一，爲積月 15250；不滿爲閏餘，其數五。○釋曰：算法如下：1233×235＝289755，289755÷19＝15250＋5/19。15250 是積月數，5 是閏餘數。其年無閏，閏餘只五數。以所求年閏餘分七數，共十二，不滿章法十九，故無閏。○釋曰：此以閏餘分數推斷此年是否閏月。凡閏餘分數十二及以上者，有閏；凡閏餘分數在十二以下者，無閏。此閏餘分 5，加本年閏餘分 7，僅 12，未及 19，故無閏。

假如入蔀年 1235 年，減一，得 1234 年，以章月乘之，得 289990，滿章法而一，爲積月 15262，不滿爲閏餘。其數十二，加所求年閏餘分七，共十九，滿章法矣，故得成爲一月。加其年本有之十二月，爲十三月，故有閏。○釋曰：此爲包氏自注。入蔀年，亦當作入紀年。算如下：1234×235＝289990，289990÷19＝15262＋12/19，15262 爲積月，12 是閏餘，故云"其數十二"。十二以上，其年有閏，即上文所注。○釋曰：此包氏自注。上文求閏月術云"閏餘十二以上，其歲有閏"，故云"即上文所注"也。此閏餘 12，知有閏。既有閏，則推閏月所在。其術：以閏餘上文所言之十二也。減章法，餘以十二乘之，得八十四，滿章閏數七，得一，共得十二。○釋曰：此包氏自注。算法：(19－12)×12＝84，84÷7＝12。故云"共得十二"。自天正月起算，算外 12，知此年閏天正十二月。滿四以上，亦得一算之數。○釋曰：解已見前。從前年十一月起，算盡之外，閏月也。從前年十一月，周正也。閏在周十二月，夏正之十月也。○釋曰：此包氏自注。案：周正建子，以冬至所在月爲正月，所謂天正；殷正建丑，以冬至所在月爲十二月，大

---

① 元年，原訛作九年。十一月，原訛作十二月。

② 1234，原爲舊式算籌數碼，今以阿拉伯數字易之。下仿此，不更出注。

寒所在月爲正月，所謂地正；夏正建寅，以冬至所在月爲十一月，以雨水所在月爲正月，所謂人正。今此云"從前年十一月起"，即歲前冬至所在月，夏之十一月，周之正月。周、夏序月差兩月，隱二年閏在周十二月，即夏正之十月。

訂正公羊傳曆譜示例(隱公元年)

隱公元年己未(前 722),距殷曆上元甲寅積 2759645 年,滿元法 4520,去之,2759645＝4520×605＋845,餘 845 年,不滿紀法 1520 年,入天紀 845 年。(以上算入紀年。)

置入紀年 845,滿蔀法 76,去之,845＝76×11＋9,積 11 蔀,算外入癸酉蔀(十二、癸酉蔀庚戌)九年。蔀首天正朔旦冬至之日名癸酉,故隱元年後日名從癸酉起算。癸酉蔀首之年庚戌,9 年算外,即隱公元年己未。(以上算入蔀年。)

爲檢索便利計,編製癸酉蔀日名甲子表。

癸酉蔀日名甲子表

51 甲子	52 乙丑	53 丙寅	54 丁卯	55 戊辰	56 己巳	57 庚午	58 辛未	59 壬申	0 癸酉
1 甲戌	2 乙亥	3 丙子	4 丁丑	5 戊寅	6 己卯	7 庚辰	8 辛巳	9 壬午	10 癸未
11 甲申	12 乙酉	13 丙戌	14 丁亥	15 戊子	16 己丑	17 庚寅	18 辛卯	19 壬辰	20 癸巳
21 甲午	22 乙未	23 丙申	24 丁酉	25 戊戌	26 己亥	27 庚子	28 辛丑	29 壬寅	30 癸卯
31 甲辰	32 乙巳	33 丙午	34 丁未	35 戊申	36 己酉	37 庚戌	38 辛亥	39 壬子	40 癸丑
41 甲寅	42 乙卯	43 丙辰	44 丁巳	45 戊午	46 己未	47 庚申	48 辛酉	49 壬戌	50 癸亥

先算隱公元年朔閏。

隱公元年入癸酉蔀 9 年，9×235/19＝111＋6/19，是隱公元年天正朔積 111 月，閏餘 6。閏餘 6，小於 12，是年無閏。（以上算天正朔積月及閏餘。）

以積月乘朔策，27759/940×111＝3081249/940＝3277＋869/940，從癸酉蔀首以來共積 3277 日，滿旬周 60，去之，3277＝60×54＋37，是隱公元年天正朔大餘 37，小餘 869。爲減省計，記爲（37－869）。大餘 37，從癸酉起算，得庚戌。（以上算隱公元年天正朔大小餘，並命朔日日名。）

從天正朔起，逐月加大餘 29，小餘 499；大餘滿旬周 60，去之；若小餘滿 940 去之，大餘加 1。從天正月朔大、小餘（37－869）起，得二月朔大小餘（7－869），得庚辰。二月朔庚辰，正月朔庚戌，同名庚，是天正月積 30 日，即天正月大。（以上算隱公元年二月朔大小餘並日名及定正月之大小。）

逐月累算得：

二月：朔大、小餘（7－428），朔日庚辰，月小。

三月：朔大、小餘（36－927），朔日己酉，月大。

四月：朔大、小餘（6－486），朔日己卯，月大。

五月：朔大、小餘（36－45），朔日己酉，月小。

六月：朔大、小餘（5－544），朔日戊寅，月大。

七月：朔大、小餘（35－103），朔日戊申，月小。

八月：朔大、小餘（4－602），朔日丁丑，月大。

九月：朔大、小餘（34－161），朔日丁未，月小。

十月：朔大、小餘（3－660），朔日丙子，月大。

十一月：朔大、小餘（33－219），朔日丙午，月小。

十二月：朔大、小餘（2－718），朔日乙亥，月大。

以上所算得隱公元年各月朔閏諸項，與包氏原譜並同。

次算隱公元年二十四氣大小餘,並命日名及所入月之日序。

隱公元年入癸酉蔀 9 年,9×168/32＝47＋8/32,是冬至大餘 47,小餘 8。爲減省計,記爲(47－8)。大餘命起癸酉算外,得庚申;正月朔大餘 37,47－37＝10,是冬至距天正月朔日積 10 日,算外命爲正月十一日。(以上算隱公元年冬至大小餘、日名、日序。)

以氣策大餘 15、小餘 7 累加於冬至大、小餘,得每氣大小餘;並算距所入月朔日大餘,命爲日序。

小寒:大、小餘(2－15),乙亥,正月廿六。

大寒:大、小餘(17－22),庚寅,二月十一。

立春:大、小餘(32－29),乙巳,二月廿六。

雨水:大、小餘(48－4),辛酉,三月十二。

驚蟄:大、小餘(3－11),丙子,三月廿八。

春分:大、小餘(18－18),辛卯,四月十三。

清明:大、小餘(33－25),丙午,四月廿八。

穀雨:大、小餘(49－0),壬戌,五月十四。

立夏:大、小餘(4－7),丁丑,五月廿九。

小滿:大、小餘(19－14),壬辰,六月十五。

芒種:大、小餘(34－21),丁未,六月三十。

夏至:大、小餘(49－28),壬戌,七月十五。

小暑:大、小餘(5－3),戊寅,八月初二。

大暑:大、小餘(20－10),癸巳,八月十七。

立秋:大、小餘(35－17),戊申,九月初二。

處暑:大、小餘(50－24),癸亥,九月十七。

白露:大、小餘(5－31),戊寅,十月初三。

秋分:大、小餘(21－6),甲午,十月十九。

寒露:大、小餘(36－13),己酉,十一月初四。

霜降:大、小餘(51－20),甲子,十一月十九。

立冬:大、小餘(6－27),己卯,十二月初五。

小雪：大、小餘(22－2)，乙未，十二月廿一。

大雪：大、小餘(37－9)，庚戌，入隱公二年，正月初六。

今以所算得隱公元年二十四氣與包氏原譜對照，冬至、小寒、雨水、驚蟄、穀雨、立夏、小滿、小暑、大暑、立秋、秋分、寒露、小雪，共十三氣之日名及日序均不合；又原譜末格所出小雪大餘21、小餘16，與今依術推步所得又不合。若據日餘166推算，始盡合於包氏原譜。包氏布算之初，將"一百六十八"誤書爲"一百六十六"，未能檢點，遂成通篇之失。今不憚其煩，據日餘"一百六十六"重爲布算，以見包氏之失盡在於此，本作之訂正爲得包氏著述之本意。

包氏原譜誤算如下：

次算隱公元年二十四氣大小餘，並命日名及所入月之日序。

隱公元年入癸酉蔀9年，9×166/32＝46＋22/32，是冬至大餘46，小餘22。爲減省計，記爲(46－22)。大餘命起癸酉算外，得己未；正月朔大餘37，46－37＝9，是冬至距天正月朔日積9日，算外命爲正月初十。（以上算隱公元年冬至大小餘、日名，日序。）

以氣策大餘15，小餘7累加於冬至大、小餘，得每氣大小餘；並算距所入月朔日大餘，命爲日序。

小寒：大、小餘(1－29)，甲戌，正月廿五。

大寒：大、小餘(17－4)，庚寅，二月十一。

立春：大、小餘(32－11)，乙巳，二月廿六。

雨水：大、小餘(47－18)，庚申，三月十二。

驚蟄：大、小餘(2－25)，乙亥，三月廿七。

春分：大、小餘(18－0)，辛卯，四月十三。

清明：大、小餘(33－7)，丙午，四月廿八。

穀雨：大、小餘(48－14)，辛酉，五月十三。

立夏：大、小餘(3－21)，丙子，五月廿八。

小滿：大、小餘(18－28)，辛卯，六月十四。

芒種：大、小餘(34－3)，丁未，六月三十。

夏至：大、小餘(49－10)，壬戌，七月十五。

小暑：大、小餘(4－17)，丁丑，八月初一。

大暑：大、小餘(19－24)，壬辰，八月十六。

立秋：大、小餘(34－31)，丁未，九月初一。

處暑：大、小餘(50－6)，癸亥，九月十七。

白露：大、小餘(5－13)，戊寅，十月初三。

秋分：大、小餘(20－20)，癸巳，十月十八。

寒露：大、小餘(35－27)，戊申，十一月初三。

霜降：大、小餘(51－2)，甲子，十一月十九。

立冬：大、小餘(6－9)，己卯，十二月初五。

小雪：大、小餘(21－16)，甲午，十二月二十。

大雪：大、小餘(36－23)，己酉，入隱公二年，正月初五。

以上據日餘"一百六十六"布算，氣、朔與包氏原譜全合。(包氏原譜小暑兩出，小暑列於七月三十，則又爲顯然之誤，今不論。)

包氏譜各年末格並列大、小餘數兩組，而其所屬或氣或朔，略而不言。以所算氣朔大、小餘覈之，可知末格所書大、小餘爲是年十二月月朔及當月末氣之大小餘。如隱元年，譜末格所書，"大2"、"小718"、"大21"、"小16"，是隱元年十二月朔大餘2，小餘718，小雪氣大餘21，小餘16。蓋春秋曆譜所定氣朔均須算至大小餘，而天王頒朔，萬民之用，大小餘無與焉，不必備見於曆譜；每年氣、朔各存一數者，以期於可覆也。原譜中氣大、小餘誤算者，今一併正之。

今附包氏原譜隱公元年圖版於後，以豎綫注記於紀日、干支左側者，皆爲包氏原譜誤算之文，今所爲訂正者是也。

13

噫

公 庚戌

元大

公　正　二　三　四　五　六　七
　　戌　辰　酉　卯　酉　寅　申
　　庚　庚　己　己　己　戊　戊
大　小　大　大　小　大　小

年　初十　廿五　十一　廿六　十二　廿七　十三　廿八　十四　三十　十五

己未甲戌庚寅乙巳庚申乙亥辛卯丙午辛酉丙子辛卯丁未壬戌丁丑

冬至小寒大寒立春雨水驚蟄春分清明穀雨立夏小滿芒種夏至小暑

初一　十六　初一　十七　初二　十八　初三　十九　初五　二十

丁丑壬辰丁未癸亥戊寅癸巳戊申甲子己卯甲午

八丑　丁　九未　丁　小未　丁子　丙　十　丙午　十一子　乙亥　十二　乙

大　大　小　大　小　大

小暑大暑立秋處暑白露秋分寒露霜降立冬小雪

春秋公羊傳麻譜一

三

14

春秋公羊傳曆譜訂正一　隱公

隱公元年

正月大庚戌	十一庚申　冬至	廿六乙亥　小寒
二月小庚辰	十一庚寅　大寒	廿六乙巳　立春
三月大己酉	十三辛酉　雨水	廿八丙子　驚蟄
四月大己卯	十三辛卯　春分	廿八丙午　清明
五月小己酉	十四壬戌　穀雨	廿九丁丑　立夏
六月大戊寅	十五壬辰　小滿	三十丁未　芒種
七月小戊申	十五壬戌　夏至	
八月大丁丑	初二戊寅　小暑	十七癸巳　大暑
九月小丁未	初二戊申　立秋	十七癸亥　處暑
十月大丙子	初三戊寅　白露	十九甲午　秋分
十一月小丙午	初四己酉　寒露	十九甲子　霜降
十二月大乙亥	初五己卯　立冬	廿一乙未　小雪
十二月朔大餘 2，小餘 718。小雪大餘 22，小餘 2。		

隱公二年

正月小乙巳	初六庚戌　大雪	廿一乙丑　冬至
二月大甲戌	初七庚辰　小寒	廿二乙未　大寒
三月小甲辰	初八辛亥　立春	廿三丙寅　雨水
四月大癸酉	初九辛巳　驚蟄	廿四丙申　春分
五月小癸卯	初十壬子　清明	廿五丁卯　穀雨
六月大壬申	十一壬午　立夏	廿六丁酉　小滿
七月大壬寅	十一壬子　芒種	廿七戊辰　夏至
八月小壬申	十二癸未　小暑	廿七戊戌　大暑
九月大辛丑	十三癸丑　立秋	廿九己巳　處暑
十月小辛未	十四甲申　白露	廿九己亥　秋分
十一月大庚子	十五甲寅　寒露	三十己巳　霜降
閏十一月小庚午	十六乙酉　立冬	
十二月大己亥	初二庚子　小雪	十七乙卯　大雪
十二月朔大餘 26,小餘 625。大雪大餘 42,小餘 17。		

附：陈立公羊義疏引包氏曆譜

　　經：八月庚辰,公及戎盟于唐。

　　包氏慎言公羊曆譜云:"八月書庚辰,月之九日。閏分歲七,通之於十二月,爲八十四。元年已積有百五十六,至此年十一月,共積二百三十三分,除二百二十八分成月,仍餘五分,十一月後宜置閏。長曆閏十二月,而八月無庚辰,斥爲七月九日,于殷曆不合。"

隱公三年

正月小己巳	初二庚午　冬至	十七乙酉　小寒
二月大戊戌	初四辛丑　大寒	十九丙辰　立春
三月小戊辰	初四辛未　雨水	十九丙戌　驚蟄
四月大丁酉	初六壬寅　春分	廿一丁巳　清明
五月小丁卯	初六壬申　穀雨	廿一丁亥　立夏
六月大丙申	初七壬寅　小滿	廿三戊午　芒種
七月小丙寅	初八癸酉　夏至	廿三戊子　小暑
八月大乙未	初九癸卯　大暑	廿五己未　立秋
九月小乙丑	初十甲戌　處暑	廿五己丑　白露
十月大甲午	十一甲辰　秋分	廿六己未　寒露
十一月大甲子	十二乙亥　霜降	廿七庚寅　立冬
十二月小甲午	十二乙巳　小雪	廿七庚申　大雪
十二月朔大餘21,小餘33。大雪大餘47,小餘25。		

附：陳立公羊義疏引包氏曆譜

經：（二月）己巳,日有食之。

包氏慎言云："据曆,爲三月之朔日。公羊傳例,書日不言朔者,或二日食,或晦日食。何休公羊注以此爲二日。小二月,則己巳爲三月二日,非二月之二日也。穀梁傳例,言日不言朔,食晦。大正月、二月,則己巳爲二月晦,於傳例亦合。劉歆以爲正月二日。徐邈注穀梁,又以爲正月晦日。經繫之于二月,杜氏長曆以爲二月朔,均與殷曆不合。經三月有庚戌,据曆,二月之十二日、四月之十三日皆庚戌,三月無庚戌也。元史曆志：'姜岌校春秋日食云：是

17

歲二月己亥朔,無己巳,似失一閏。'按,依曆,正月小己巳朔,二月大戊戌朔,三月當戊辰朔,則己巳正二日,與公羊例合,但不當在二月耳。"

經:(十二月)癸未,葬宋繆公。

包氏慎言云:"按十二月無癸未,曆為十一月之二十日。庚辰為宋繆公之卒日,癸未為宋繆公之葬日。公羊傳例,諸侯以五月葬者,不書日。其書日者,非過時,即不及時。繆公葬當五月之時,而書日,傳云:'當時而日,危不得葬也。'十一月之去七月,亦五月,疑經傳寫誤七月為八月、十一月為十二月。若自非誤,則四年之二月又不得戊申。今從曆排次之,其不合者,姑缺焉。"

隱公四年

正月大癸亥	十四丙子　冬至	廿九辛卯　小寒
二月小癸巳	十四丙午　大寒	廿九辛酉　立春
三月大壬戌	十五丙子　雨水	
四月小壬辰	初一壬辰　驚蟄	十六丁未　春分
五月大辛酉	初二壬戌　清明	十七丁丑　穀雨
六月小辛卯	初二壬辰　立夏	十八戊申　小滿
七月大庚申	初四癸亥　芒種	十九戊寅　夏至
八月小庚寅	初四癸巳　小暑	二十己酉　大暑
九月大己未	初六甲子　立秋	廿一己卯　處暑
十月小己丑	初六甲午　白露	廿一己酉　秋分
十一月大戊午	初八乙丑　寒露	廿三庚辰　霜降
十二月小戊子	初八乙未　立冬	廿三庚戌　小雪
十二月朔大餘 15，小餘 381。小雪大餘 37，小餘 26。		

隱公五年

正月大丁巳	初十丙寅　大雪	廿五辛巳　冬至
二月小丁亥	初十丙申　小寒	廿五辛亥　大寒
三月大丙辰	十一丙寅　立春	廿七壬午　雨水
四月大丙戌	十二丁酉　驚蟄	廿七壬子　春分
五月小丙辰	十二丁卯　清明	廿八癸未　穀雨
六月大乙酉	十四戊戌　立夏	廿九癸丑　小滿
七月小乙卯	十四戊辰　芒種	廿九癸未　夏至
閏七月大甲申	十六己亥　小暑	
八月小甲寅	初一甲寅　大暑	十六己巳　立秋
九月大癸未	初二甲申　處暑	十七己亥　白露
十月小癸丑	初三乙卯　秋分	十八庚午　寒露
十一月大壬午	初四乙酉　霜降	十九庚子　立冬
十二月小壬子	初五丙辰　小雪	二十辛未　大雪
十二月朔大餘 39，小餘 288。大雪大餘 58，小餘 9。		

隱公六年

正月大辛巳	初六丙戌　冬至	廿一辛丑　小寒
二月小辛亥	初六丙辰　大寒	廿二壬申　立春
三月大庚辰	初八丁亥　雨水	廿三壬寅　驚蟄
四月小庚戌	初八丁巳　春分	廿四癸酉　清明
五月大己卯	初十戊子　穀雨	廿五癸卯　立夏
六月大己酉	初十戊午　小滿	廿五癸酉　芒種
七月小己卯	十一己丑　夏至	廿六甲辰　小暑
八月大戊申	十二己未　大暑	廿七甲戌　立秋
九月小戊寅	十三庚寅　處暑	廿八乙巳　白露
十月大丁未	十四庚申　秋分	廿九乙亥　寒露
十一月小丁丑	十四庚寅　霜降	
十二月大丙午	初一丙午　立冬	十六辛酉　小雪
十二月朔大餘 33,小餘 636。小雪大餘 48,小餘 10。		

附：陳立公羊義疏引包氏曆譜

　　經：五月辛酉,公會齊侯盟于艾。

　　包氏慎言云:“五月書辛酉,四月之十二日,六月之十三日也。”

隱公七年

正月小丙子	初一丙子　大雪	十六辛卯　冬至
二月大乙巳	初二丙午　小寒	十八壬戌　大寒
三月小乙亥	初三丁丑　立春	十八壬辰　雨水
四月大甲辰	初四丁未　驚蟄	二十癸亥　春分
五月小甲戌	初五戊寅　清明	二十癸巳　穀雨
六月大癸卯	初六戊申　立夏	廿一癸亥　小滿
七月小癸酉	初七己卯　芒種	廿二甲午　夏至
八月大壬寅	初八己酉　小暑	廿三甲子　大暑
九月小壬申	初九庚辰　立秋	廿四乙未　處暑
十月大辛丑	初十庚戌　白露	廿五乙丑　秋分
十一月大辛未	初十庚辰　寒露	廿六丙申　霜降
十二月小辛丑	十一辛亥　立冬	廿六丙寅　小雪
十二月朔大餘 28，小餘 44。小雪大餘 53，小餘 18。		

隱公八年

正月大庚午	十二辛巳　大雪	廿八丁酉　冬至
二月小庚子	十三壬子　小寒	廿八丁卯　大寒
三月大己巳	十四壬午　立春	廿九丁酉　雨水
閏三月小己亥	十五癸丑　驚蟄	
四月大戊辰	初一戊辰　春分	十六癸未　清明
五月小戊戌	初一戊戌　穀雨	十六癸丑　立夏
六月大丁卯	初三己巳　小滿	十八甲申　芒種
七月小丁酉	初三己亥　夏至	十八甲寅　小暑
八月大丙寅	初五庚午　大暑	二十乙酉　立秋
九月小丙申	初五庚子　處暑	二十乙卯　白露
十月大乙丑	初六庚午　秋分	廿二丙戌　寒露
十一月小乙未	初七辛丑　霜降	廿二丙辰　立冬
十二月大甲子	初八辛未　小雪	廿四丁亥　大雪

十二月朔大餘 51，小餘 891。大雪大餘 14，小餘 1。

附：陳立 公羊義疏引包氏 曆譜

　　經：（三月）庚寅，我入邴。

　　包氏 慎言云：“三月書庚寅，月之二十二日。”

　　經：六月己亥，蔡侯 考父卒。

　　包氏 慎言云：“當閏四月。而經六月有己亥，爲月之二日。七月有庚午，爲月之三日。若閏四月，則一爲五月二日，一爲六月三日，與經不合。九月又書辛卯，爲月之廿五日，閏四月，亦爲八月之日。時曆蓋于九月後方置閏也。閏之進退，以中氣爲定，四月不閏，則夏至已在八月，七月無中氣，時曆或連大六、七兩月，以晦日爲夏至也，故移閏於九月後。"

隱公九年

正月大甲午	初九壬寅　冬至	廿四丁巳　小寒
二月小甲子	初九壬申　大寒	廿四丁亥　立春
三月大癸巳	十一癸卯　雨水	廿六戊午　驚蟄
四月小癸亥	十一癸酉　春分	廿六戊子　清明
五月大壬辰	十三甲辰　穀雨	廿八己未　立夏
六月小壬戌	十三甲戌　小滿	廿八己丑　芒種
七月大辛卯	十四甲辰　夏至	三十庚申　小暑
八月小辛酉	十五乙亥　大暑	
九月大庚寅	初一庚寅　立秋	十六乙巳　處暑
十月小庚申	初一庚申　白露	十七丙子　秋分
十一月大己丑	初三辛卯　寒露	十八丙午　霜降
十二月小己未	初三辛酉　立冬	十九丁丑　小雪
十二月朔大餘 46，小餘 299。小雪大餘 4，小餘 2。		

隱公十年

正月大戊子	初五壬辰　大雪	二十丁未　冬至
二月小戊午	初五壬戌　小寒	二十丁丑　大寒
三月大丁亥	初七癸巳　立春	廿二戊申　雨水
四月小丁巳	初七癸亥　驚蟄	廿二戊寅　春分
五月大丙戌	初九甲午　清明	廿四己酉　穀雨
六月大丙辰	初九甲子　立夏	廿四己卯　小滿
七月小丙戌	初九甲午　芒種	廿五庚戌　夏至
八月大乙卯	十一乙丑　小暑	廿六庚辰　大暑
九月小乙酉	十一乙未　立秋	廿七辛亥　處暑
十月大甲寅	十三丙寅　白露	廿八辛巳　秋分
十一月小甲申	十三丙申　寒露	廿八辛亥　霜降
十二月大癸丑	十五丁卯　立冬	三十壬午　小雪
閏十二月小癸未	十五丁酉　大雪	
閏十二月朔大餘 10，小餘 206。大雪大餘 24，小餘 17。		

隱公十一年

正月大壬子	初一壬子　冬至	十六丁卯　小寒
二月小壬午	初二癸未　大寒	十七戊戌　立春
三月大辛亥	初三癸丑　雨水	十八戊辰　驚蟄
四月小辛巳	初四甲申　春分	十九己亥　清明
五月大庚戌	初五甲寅　穀雨	二十己巳　立夏
六月小庚辰	初五甲申　小滿	廿一庚子　芒種
七月大己酉	初七乙卯　夏至	廿二庚午　小暑
八月小己卯	初七乙酉　大暑	廿三辛丑　立秋
九月大戊申	初九丙辰　處暑	廿四辛未　白露
十月大戊寅	初九丙戌　秋分	廿四辛丑　寒露
十一月小戊申	初十丁巳　霜降	廿五壬申　立冬
十二月大丁丑	十一丁亥　小雪	廿六壬寅　大雪
十二月朔大餘4，小餘554。大雪大餘29，小餘25。		

春秋公羊傳曆譜訂正二　桓公

桓公元年

正月小丁未	十二戊午　冬至	廿七癸酉　小寒
二月大丙子	十三戊子　大寒	廿八癸卯　立春
三月小丙午	十三戊午　雨水	廿九甲戌　驚蟄
四月大乙亥	十五己丑　春分	三十甲辰　清明
五月小乙巳	十五己未　穀雨	
六月大甲戌	初一甲戌　立夏	十七庚寅　小滿
七月小甲辰	初二乙巳　芒種	十七庚申　夏至
八月大癸酉	初三乙亥　小暑	十九辛卯　大暑
九月小癸卯	初四丙午　立秋	十九辛酉　處暑
十月大壬申	初五丙子　白露	二十辛卯　秋分
十一月小壬寅	初六丁未　寒露	廿一壬戌　霜降
十二月大辛未	初七丁丑　立冬	廿二壬辰　小雪
十二月朔大餘 58，小餘 902。小雪大餘 19，小餘 26。		

桓公二年

正月大辛丑	初八戊申　大雪	廿三癸亥　冬至
二月小辛未	初八戊寅　小寒	廿三癸巳　大寒
三月大庚子	初九戊申　立春	廿五甲子　雨水
四月小庚午	初十己卯　驚蟄	廿五甲午　春分
五月大己亥	十一己酉　清明	廿七乙丑　穀雨
六月小己巳	十二庚辰　立夏	廿七乙未　小滿
七月大戊戌	十三庚戌　芒種	廿八乙丑　夏至
八月小戊辰	十四辛巳　小暑	廿九丙申　大暑
九月大丁酉	十五辛亥　立秋	三十丙寅　處暑
閏九月小丁卯	十五辛巳　白露	
十月大丙申	初二丁酉　秋分	十七壬子　寒露
十一月小丙寅	初二丁卯　霜降	十七壬午　立冬
十二月大乙未	初四戊戌　小雪	十九癸丑　大雪
十二月朔大餘 22，小餘 809。大雪大餘 40，小餘 9。		

桓公三年

正月小乙丑	初四戊辰　冬至	十九癸未　小寒
二月大甲午	初五戊戌　大寒	廿一甲寅　立春
三月小甲子	初六己巳　雨水	廿一甲申　驚蟄
四月大癸巳	初七己亥　春分	廿三乙卯　清明
五月大癸亥	初八庚午　穀雨	廿三乙酉　立夏
六月小癸巳	初八庚子　小滿	廿三乙卯　芒種
七月大壬戌	初十辛未　夏至	廿五丙戌　小暑
八月小壬辰	初十辛丑　大暑	廿五丙辰　立秋
九月大辛酉	十二壬申　處暑	廿七丁亥　白露
十月小辛卯	十二壬寅　秋分	廿七丁巳　寒露
十一月大庚申	十三壬申　霜降	廿九戊子　立冬
十二月小庚寅	十四癸卯　小雪	廿九戊午　大雪
十二月朔大餘 17,小餘 217。大雪大餘 45,小餘 17。		

附：陳立 公羊義疏引包氏 曆譜

經：七月壬辰朔,日有食之,既。

包氏慎言云:"七月書壬辰朔,据曆,壬辰爲六月之朔日,非七月朔也。按以殷曆治之,當八月壬辰朔。劉歆以爲六月。元史曆志姜岌以爲是歲七月癸亥朔,無壬辰,亦失閏。其八月壬辰朔,去交分入食限。大衍與姜岌合。"

桓公四年

正月大己未	十五癸酉　冬至	三十戊子　小寒
二月小己丑	十六甲辰　大寒	
三月大戊午	初二己未　立春	十七甲戌　雨水
四月小戊子	初二己丑　驚蟄	十八乙巳　春分
五月大丁巳	初四庚申　清明	十九乙亥　穀雨
六月小丁亥	初四庚寅　立夏	十九乙巳　小滿
七月大丙辰	初六辛酉　芒種	廿一丙子　夏至
八月大丙戌	初六辛卯　小暑	廿一丙午　大暑
九月小丙辰	初七壬戌　立秋	廿二丁丑　處暑
十月大乙酉	初八壬辰　白露	廿三丁未　秋分
十一月小乙卯	初八壬戌　寒露	廿四戊寅　霜降
十二月大甲申	初十癸巳　立冬	廿五戊申　小雪
十二月朔大餘 11，小餘 565。小雪大餘 35，小餘 18。		

桓公五年

正月小甲寅	初十癸亥　大雪	廿六己卯　冬至
二月大癸未	十二甲午　小寒	廿七己酉　大寒
三月小癸丑	十二甲子　立春	廿七己卯　雨水
四月大壬午	十四乙未　驚蟄	廿九庚戌　春分
五月小壬子	十四乙丑　清明	廿九庚辰　穀雨
閏五月大辛巳	十五乙未　立夏	
六月小辛亥	初一辛亥　小滿	十六丙寅　芒種
七月大庚辰	初二辛巳　夏至	十七丙申　小暑
八月小庚戌	初三壬子　大暑	十八丁卯　立秋
九月大己卯	初四壬午　處暑	十九丁酉　白露
十月小己酉	初四壬子　秋分	二十戊辰　寒露
十一月大戊寅	初六癸未　霜降	廿一戊戌　立冬
十二月大戊申	初六癸丑　小雪	廿二己巳　大雪
十二月朔大餘 35，小餘 472。大雪大餘 56，小餘 1。		

桓公六年

正月小戊寅	初七甲申　冬至	廿二己亥　小寒
二月大丁未	初八甲寅　大寒	廿三己巳　立春
三月小丁丑	初九乙酉　雨水	廿四庚子　驚蟄
四月大丙午	初十乙卯　春分	廿五庚午　清明
五月小丙子	十一丙戌　穀雨	廿六辛丑　立夏
六月大乙巳	十二丙辰　小滿	廿七辛未　芒種
七月小乙亥	十二丙戌　夏至	廿八壬寅　小暑
八月大甲辰	十四丁巳　大暑	廿九壬申　立秋
九月小甲戌	十四丁亥　處暑	廿九壬寅　白露
十月大癸卯	十六戊午　秋分	
十一月小癸酉	初一癸酉　寒露	十六戊子　霜降
十二月大壬寅	初二癸卯　立冬	十八己未　小雪
十二月朔大餘29，小餘820。小雪大餘46，小餘2。		

桓公七年

正月小壬申	初三甲戌　大雪	十八己丑　冬至
二月大辛丑	初四甲辰　小寒	十九己未　大寒
三月小辛未	初五乙亥　立春	二十庚寅　雨水
四月大庚子	初六乙巳　驚蟄	廿一庚申　春分
五月大庚午	初七丙子　清明	廿二辛卯　穀雨
六月小庚子	初七丙午　立夏	廿二辛酉　小滿
七月大己巳	初八丙子　芒種	廿四壬辰　夏至
八月小己亥	初九丁未　小暑	廿四壬戌　大暑
九月大戊辰	初十丁丑　立秋	廿六癸巳　處暑
十月小戊戌	十一戊申　白露	廿六癸亥　秋分
十一月大丁卯	十二戊寅　寒露	廿七癸巳　霜降
十二月小丁酉	十三己酉　立冬	廿八甲子　小雪
十二月朔大餘 24，小餘 228。小雪大餘 51，小餘 10。		

桓公八年

正月大丙寅	十四己卯　大雪	廿九甲午　冬至
閏正月小丙申	十四己酉　小寒	
二月大乙丑	初一乙丑　大寒	十六庚辰　立春
三月小乙未	初一乙未　雨水	十六庚戌　驚蟄
四月大甲子	初三丙寅　春分	十八辛巳　清明
五月小甲午	初三丙申　穀雨	十八辛亥　立夏
六月大癸亥	初四丙寅　小滿	二十壬午　芒種
七月大癸巳	初五丁酉　夏至	二十壬子　小暑
八月小癸亥	初五丁卯　大暑	廿一癸未　立秋
九月大壬辰	初七戊戌　處暑	廿二癸丑　白露
十月小壬戌	初七戊辰　秋分	廿二癸未　寒露
十一月大辛卯	初九己亥　霜降	廿四甲寅　立冬
十二月小辛酉	初九己巳　小雪	廿四甲申　大雪
十二月朔大餘 48，小餘 135。大雪大餘 11，小餘 25。		

附：陳立公羊義疏引包氏曆譜

經：正月己卯，烝。

包氏慎言云：“正月書己卯烝，五月書丁丑烝，傳皆云譏亟，蓋以十二月已烝，正月又烝，爲亟也。何注公羊云‘祭以首時，薦以仲月’，正月爲夏正之仲冬月，當有薦，疑正月爲二月，二月之十六日爲己卯，經以爲非祭月、薦月，而烝，故書以示譏。五月亦無丁丑，六月十六日也。”

桓公九年

正月大庚寅	十一庚子　冬至	廿六乙卯　小寒
二月小庚申	十一庚午　大寒	廿六乙酉　立春
三月大己丑	十二庚子　雨水	廿八丙辰　驚蟄
四月小己未	十三辛未　春分	廿八丙戌　清明
五月大戊子	十四辛丑　穀雨	廿九丙辰　立夏
六月小戊午	十五壬申　小滿	
七月大丁亥	初一丁亥　芒種	十六壬寅　夏至
八月小丁巳	初一丁巳　小暑	十七癸酉　大暑
九月大丙戌	初三戊子　立秋	十八癸卯　處暑
十月小丙辰	初三戊午　白露	十八癸酉　秋分
十一月大乙酉	初五己丑　寒露	二十甲辰　霜降
十二月大乙卯	初五己未　立冬	二十甲戌　小雪
十二月朔大餘42，小餘483。小雪大餘1，小餘26。		

桓公十年

正月小乙酉	初六庚寅　大雪	廿一乙巳　冬至
二月大甲寅	初七庚申　小寒	廿二乙亥　大寒
三月小甲申	初七庚寅　立春	廿三丙午　雨水
四月大癸丑	初九辛酉　驚蟄	廿四丙子　春分
五月小癸未	初九辛卯　清明	廿五丁未　穀雨
六月大壬子	十一壬戌　立夏	廿六丁丑　小滿
七月小壬午	十一壬辰　芒種	廿六丁未　夏至
八月大辛亥	十三癸亥　小暑	廿八戊寅　大暑
九月小辛巳	十三癸巳　立秋	廿八戊申　處暑
十月大庚戌	十四癸亥　白露	三十己卯　秋分
閏十月小庚辰	十五甲午　寒露	
十一月大己酉	初一己酉　霜降	十六甲子　立冬
十二月小己卯	初二庚辰　小雪	十七乙未　大雪
十二月朔大餘6,小餘390。大雪大餘22,小餘9。		

桓公十一年

正月大戊申	初三庚戌　冬至	十八乙丑　小寒
二月大戊寅	初三庚辰　大寒	十九丙申　立春
三月小戊申	初四辛亥　雨水	十九丙寅　驚蟄
四月大丁丑	初五辛巳　春分	廿一丁酉　清明
五月小丁未	初六壬子　穀雨	廿一丁卯　立夏
六月大丙子	初七壬午　小滿	廿二丁酉　芒種
七月小丙午	初八癸丑　夏至	廿三戊辰　小暑
八月大乙亥	初九癸未　大暑	廿四戊戌　立秋
九月小乙巳	初十甲寅　處暑	廿五己巳　白露
十月大甲戌	十一甲申　秋分	廿六己亥　寒露
十一月小甲辰	十一甲寅　霜降	廿七庚午　立冬
十二月大癸酉	十三乙酉　小雪	廿八庚子　大雪
十二月朔無大餘,小餘738。大雪大餘27,小餘17。		

附：陳立公羊義疏引包氏曆譜

經：五月癸未,鄭伯寤生卒。

包氏慎言云:"據下文于七月書葬不日,於傳例'當時而不日,正也'之例合。若卒在五月,相距僅三月,在慢葬之例,宜書日;今不日,疑葬月亦在八月,非七月也。"

桓公十二年

正月小癸卯	十三乙卯　冬至	廿八庚午　小寒
二月大壬申	十五丙戌　大寒	三十辛丑　立春
三月小壬寅	十五丙辰　雨水	
四月大辛未	初一辛未　驚蟄	十七丁亥　春分
五月小辛丑	初二壬寅　清明	十七丁巳　穀雨
六月大庚午	初三壬申　立夏	十八丁亥　小滿
七月大庚子	初四癸卯　芒種	十九戊午　夏至
八月小庚午	初四癸酉　小暑	十九戊子　大暑
九月大己亥	初六甲辰　立秋	廿一己未　處暑
十月小己巳	初六甲戌　白露	廿一己丑　秋分
十一月大戊戌	初七甲辰　寒露	廿三庚申　霜降
十二月小戊辰	初八乙亥　立冬	廿三庚寅　小雪
十二月朔大餘 55，小餘 146。小雪大餘 17，小餘 18。		

桓公十三年

正月大丁酉	初九乙巳　大雪	廿五辛酉　冬至
二月小丁卯	初十丙子　小寒	廿五辛卯　大寒
三月大丙申	十一丙午　立春	廿六辛酉　雨水
四月小丙寅	十二丁丑　驚蟄	廿七壬辰　春分
五月大乙未	十三丁未　清明	廿八壬戌　穀雨
六月小乙丑	十三丁丑　立夏	廿九癸巳　小滿
七月大甲午	十五戊申　芒種	三十癸亥　夏至
閏七月小甲子	十五戊寅　小暑	
八月大癸巳	初二甲午　大暑	十七己酉　立秋
九月小癸亥	初二甲子　處暑	十七己卯　白露
十月大壬辰	初三甲午　秋分	十九庚戌　寒露
十一月大壬戌	初四乙丑　霜降	十九庚辰　立冬
十二月小壬辰	初四乙未　小雪	二十辛亥　大雪
十二月朔大餘 19，小餘 53。大雪大餘 38，小餘 1。		

附：陳立公羊義疏引包氏曆譜

　　經：(二月)己巳，及齊侯、宋公、衞侯、燕人戰。

　　包氏慎言云：“此年二月有己巳，則前年所書日均有誤可知。杜氏長曆於十一年閏正月，而此年又閏正月，三年二閏，以曲赴經誤，皆於曆不合。”

桓公十四年

正月大辛酉	初六丙寅　冬至	廿一辛巳　小寒
二月小辛卯	初六丙申　大寒	廿一辛亥　立春
三月大庚申	初八丁卯　雨水	廿三壬午　驚蟄
四月小庚寅	初八丁酉　春分	廿三壬子　清明
五月大己未	初十戊辰　穀雨	廿五癸未　立夏
六月小己丑	初十戊戌　小滿	廿五癸丑　芒種
七月大戊午	十一戊辰　夏至	廿七甲申　小暑
八月小戊子	十二己亥　大暑	廿七甲寅　立秋
九月大丁巳	十三己巳　處暑	廿八甲申　白露
十月小丁亥	十四庚子　秋分	廿九乙卯　寒露
十一月大丙辰	十五庚午　霜降	三十乙酉　立冬
十二月小丙戌	十六辛丑　小雪	
十二月朔大餘13，小餘401。小雪大餘28，小餘2。		

附：陳立公羊義疏引包氏曆譜

經：八月壬申，御廩災。乙亥，嘗。

包氏慎言云："八月書壬申、乙亥，九月之十六日與十九日。八月爲夏正六月，非嘗之時。傳曰：'常事不書，此何以書？譏嘗也。曰：猶嘗乎？御廩災，不如弗嘗而已。'是書嘗非責其不時，責其不知廢時祭以應天變也。則公羊經文本作'九月'，與祭以首時之例合。"

經：十有二月丁巳，齊侯祿父卒。

包氏慎言云："十二月書丁巳，据曆爲十一月之二日，葬在十五年四月，書丁巳，所謂過時而日也。若卒在十二月，則適當五月之時，經不應書日矣。"

桓公十五年

正月大乙卯	初二丙辰　大雪	十七辛未　冬至
二月大乙酉	初二丙戌　小寒	十七辛丑　大寒
三月小乙卯	初三丁巳　立春	十八壬申　雨水
四月大甲申	初四丁亥　驚蟄	十九壬寅　春分
五月小甲寅	初五戊午　清明	二十癸酉　穀雨
六月大癸未	初六戊子　立夏	廿一癸卯　小滿
七月小癸丑	初六戊午　芒種	廿二甲戌　夏至
八月大壬午	初八己丑　小暑	廿三甲辰　大暑
九月小壬子	初八己未　立秋	廿四乙亥　處暑
十月大辛巳	初十庚寅　白露	廿五乙巳　秋分
十一月小辛亥	初十庚申　寒露	廿五乙亥　霜降
十二月大庚辰	十二辛卯　立冬	廿七丙午　小雪
十二月朔大餘 7,小餘 749。小雪大餘 33,小餘 10。		

附：陳立公羊義疏引包氏曆譜

　經：四月己巳，葬齊僖公。

　包氏慎言云：“四月無己巳，曆爲三月之十六日、五月之十七日也。己巳爲葬僖公之日，何注不以爲月誤，然所謂背殯用兵者，即指上年十二月。宋人以齊人伐鄭之事。”

桓公十六年

正月小庚戌	十二辛酉　大雪	廿七丙子　冬至
二月大己卯	十三辛卯　小寒	廿九丁未　大寒
三月小己酉	十四壬戌　立春	廿九丁丑　雨水
閏三月大戊寅	十五壬辰　驚蟄	
四月小戊申	初一戊申　春分	十六癸亥　清明
五月大丁丑	初二戊寅　穀雨	十七癸巳　立夏
六月大丁未	初二戊申　小滿	十八甲子　芒種
七月小丁丑	初三己卯　夏至	十八甲午　小暑
八月大丙午	初四己酉　大暑	二十乙丑　立秋
九月小丙子	初五庚辰　處暑	二十乙未　白露
十月大乙巳	初六庚戌　秋分	廿一乙丑　寒露
十一月小乙亥	初七辛巳　霜降	廿二丙申　立冬
十二月大甲辰	初八辛亥　小雪	廿三丙寅　大雪
十二月朔大餘 31，小餘 656。大雪大餘 53，小餘 25。		

桓公十七年

正月小甲戌	初九壬午　冬至	廿四丁酉　小寒
二月大癸卯	初十壬子　大寒	廿五丁卯　立春
三月小癸酉	初十壬午　雨水	廿六戊戌　驚蟄
四月大壬寅	十二癸丑　春分	廿七戊辰　清明
五月小壬申	十二癸未　穀雨	廿七戊戌　立夏
六月大辛丑	十四甲寅　小滿	廿九己巳　芒種
七月小辛未	十四甲申　夏至	廿九己亥　小暑
八月大庚子	十六乙卯　大暑	
九月大庚午	初一庚午　立秋	十六乙酉　處暑
十月小庚子	初一庚子　白露	十六乙卯　秋分
十一月大己巳	初三辛未　寒露	十八丙戌　霜降
十二月小己亥	初三辛丑　立冬	十八丙辰　小雪
十二月朔大餘 26，小餘 64。小雪大餘 43，小餘 26。		

附：<u>陳立</u>公羊義疏引<u>包</u>氏曆譜

經：正月，丙辰，公會<u>齊</u>侯、<u>紀</u>侯盟于<u>黃</u>。

<u>包</u>氏慎言云：“春正月經有丙辰，曆正月有丙子，無丙辰。二月經書‘丙午，公及<u>邾</u>婁儀父盟于<u>趡</u>’，月之六日。二月有丙午，則正月不得有丙辰矣。”

經：冬，十月，朔，日有食之。

<u>包</u>氏慎言云：“冬十月書‘朔，日有食之’，無日。<u>穀梁</u>例：言朔不言日，食二日也。小餘七百三十六。”

桓公十八年

正月大戊辰	初五壬申　大雪	二十丁亥　冬至
二月小戊戌	初五壬寅　小寒	二十丁巳　大寒
三月大丁卯	初六壬申　立春	廿二戊子　雨水
四月小丁酉	初七癸卯　驚蟄	廿二戊午　春分
五月大丙寅	初八癸酉　清明	廿四己丑　穀雨
六月小丙申	初九甲辰　立夏	廿四己未　小滿
七月大乙丑	初十甲戌　芒種	廿五己丑　夏至
八月小乙未	十一乙巳　小暑	廿六庚申　大暑
九月大甲子	十二乙亥　立秋	廿七庚寅　處暑
十月小甲午	十二乙巳　白露	廿八辛酉　秋分
十一月大癸亥	十四丙子　寒露	廿九辛卯　霜降
閏十一月小癸巳	十四丙午　立冬	
十二月大壬戌	初一壬戌　小雪	十六丁丑　大雪
十二月朔大餘49，小餘911。大雪大餘4，小餘9。		

附：陳立公羊義疏引包氏曆譜

　　經：夏四月丙子，公薨于齊。丁酉，公之喪至自齊。

　　包氏慎言云：“夏四月有丙子，曆四月有丙午，無丙子。”“四月又有丁酉，曆四月之朔日爲丁酉。丙子爲桓公卒于齊之日，丁酉爲喪至之日，喪至在四月朔，則公以三月卒矣，三月之十日，丙子也。”

　　經：十有二月己丑，葬我君桓公。

　　包氏慎言云：“十二月書己丑葬桓公，曆閏月之二十七日也。”

春秋公羊傳曆譜訂正三　莊公、閔公

莊公元年

正月大壬辰	初一壬辰　冬至	十六丁未　小寒
二月小壬戌	初一壬戌　大寒	十七戊寅　立春
三月大辛卯	初三癸巳　雨水	十八戊申　驚蟄
四月小辛酉	初三癸亥　春分	十九己卯　清明
五月大庚寅	初五甲午　穀雨	二十己酉　立夏
六月小庚申	初五甲子　小滿	二十己卯　芒種
七月大己丑	初七乙未　夏至	廿二庚戌　小暑
八月小己未	初七乙丑　大暑	廿二庚辰　立秋
九月大戊子	初九丙申　處暑	廿四辛亥　白露
十月小戊午	初九丙寅　秋分	廿四辛巳　寒露
十一月大丁亥	初十丙申　霜降	廿六壬子　立冬
十二月小丁巳	十一丁卯　小雪	廿六壬午　大雪
十二月朔大餘 44，小餘 319。大雪大餘 9，小餘 17。		

莊公二年

正月大丙戌	十二丁酉　冬至	廿七壬子　小寒
二月小丙辰	十三戊辰　大寒	廿八癸未　立春
三月大乙酉	十四戊戌　雨水	廿九癸丑　驚蟄
四月小乙卯	十五己巳　春分	
五月大甲申	初一甲申　清明	十六己亥　穀雨
六月大甲寅	初一甲寅　立夏	十六己巳　小滿
七月小甲申	初二乙酉　芒種	十七庚子　夏至
八月大癸丑	初三乙卯　小暑	十八庚午　大暑
九月小癸未	初四丙戌　立秋	十九辛丑　處暑
十月大壬子	初五丙辰　白露	二十辛未　秋分
十一月小壬午	初五丙戌　寒露	廿一壬寅　霜降
十二月大辛亥	初七丁巳　立冬	廿二壬申　小雪
十二月朔大餘 38，小餘 667。小雪大餘 59，小餘 18。		

莊公三年

正月小辛巳	初七丁亥　大雪	廿三癸卯　冬至
二月大庚戌	初九戊午　小寒	廿四癸酉　大寒
三月小庚辰	初九戊子　立春	廿四癸卯　雨水
四月大己酉	十一己未　驚蟄	廿六甲戌　春分
五月小己卯	十一己丑　清明	廿六甲辰　穀雨
六月大戊申	十二己未　立夏	廿八乙亥　小滿
七月小戊寅	十三庚寅　芒種	廿八乙巳　夏至
八月大丁未	十四庚申　小暑	三十丙子　大暑
九月大丁丑	十五辛卯　立秋	三十丙午　處暑
閏九月小丁未	十五辛酉　白露	
十月大丙子	初一丙子　秋分	十七壬辰　寒露
十一月小丙午	初二丁未　霜降	十七壬戌　立冬
十二月大乙亥	初三丁丑　小雪	十九癸巳　大雪
十二月朔大餘2，小餘574。大雪大餘20，小餘1。		

49

莊公四年

正月小乙巳	初四戊申　冬至	十九癸亥　小寒
二月大甲戌	初五戊寅　大寒	二十癸巳　立春
三月小甲辰	初六己酉　雨水	廿一甲子　驚蟄
四月大癸酉	初七己卯　春分	廿二甲午　清明
五月小癸卯	初八庚戌　穀雨	廿三乙丑　立夏
六月大壬申	初九庚辰　小滿	廿四乙未　芒種
七月小壬寅	初九庚戌　夏至	廿五丙寅　小暑
八月大辛未	十一辛巳　大暑	廿六丙申　立秋
九月小辛丑	十一辛亥　處暑	廿六丙寅　白露
十月大庚午	十三壬午　秋分	廿八丁酉　寒露
十一月小庚子	十三壬子　霜降	廿八丁卯　立冬
十二月大己巳	十五癸未　小雪	三十戊戌　大雪
十二月朔大餘 56，小餘 922。大雪大餘 25，小餘 9。		

莊公五年

正月大己亥	十五癸丑　冬至	三十戊辰　小寒
二月小己巳	十五癸未　大寒	
三月大戊戌	初二己亥　立春	十七甲寅　雨水
四月小戊辰	初二己巳　驚蟄	十七甲申　春分
五月大丁酉	初四庚子　清明	十九乙卯　穀雨
六月小丁卯	初四庚午　立夏	十九乙酉　小滿
七月大丙申	初五庚子　芒種	廿一丙辰　夏至
八月小丙寅	初六辛未　小暑	廿一丙戌　大暑
九月大乙未	初七辛丑　立秋	廿三丁巳　處暑
十月小乙丑	初八壬申　白露	廿三丁亥　秋分
十一月大甲午	初九壬寅　寒露	廿四丁巳　霜降
十二月小甲子	初十癸酉　立冬	廿五戊子　小雪
十二月朔大餘 51，小餘 330。小雪大餘 15，小餘 10。		

莊公六年

正月大癸巳	十一癸卯　大雪	廿六戊午　冬至
二月小癸亥	十一癸酉　小寒	廿七己丑　大寒
三月大壬辰	十三甲辰　立春	廿八己未　雨水
四月大壬戌	十三甲戌　驚蟄	廿九庚寅　春分
五月小壬辰	十四乙巳　清明	廿九庚申　穀雨
六月大辛酉	十五乙亥　立夏	三十庚寅　小滿
閏六月小辛卯	十六丙午　芒種	
七月大庚申	初二辛酉　夏至	十七丙子　小暑
八月小庚寅	初二辛卯　大暑	十八丁未　立秋
九月大己未	初四壬戌　處暑	十九丁丑　白露
十月小己丑	初四壬辰　秋分	十九丁未　寒露
十一月大戊午	初六癸亥　霜降	廿一戊寅　立冬
十二月小戊子	初六癸巳　小雪	廿一戊申　大雪
十二月朔大餘 15，小餘 237。大雪大餘 35，小餘 25。		

莊公七年

正月大丁巳	初八甲子　冬至	廿三己卯　小寒
二月小丁亥	初八甲午　大寒	廿三己酉　立春
三月大丙辰	初九甲子　雨水	廿五庚辰　驚蟄
四月小丙戌	初十乙未　春分	廿五庚戌　清明
五月大乙卯	十一乙丑　穀雨	廿六庚辰　立夏
六月小乙酉	十二丙申　小滿	廿七辛亥　芒種
七月大甲寅	十三丙寅　夏至	廿八辛巳　小暑
八月大甲申	十四丁酉　大暑	廿九壬子　立秋
九月小甲寅	十四丁卯　處暑	廿九壬午　白露
十月大癸未	十五丁酉　秋分	
十一月小癸丑	初一癸丑　寒露	十六戊辰　霜降
十二月大壬午	初二癸未　立冬	十七戊戌　小雪
十二月朔大餘9，小餘585。小雪大餘25，小餘26。		

莊公八年

正月小壬子	初三甲寅　大雪	十八己巳　冬至
二月大辛巳	初四甲申　小寒	十九己亥　大寒
三月小辛亥	初四甲寅　立春	二十庚午　雨水
四月大庚辰	初六乙酉　驚蟄	廿一庚子　春分
五月小庚戌	初六乙卯　清明	廿二辛未　穀雨
六月大己卯	初八丙戌　立夏	廿三辛丑　小滿
七月小己酉	初八丙辰　芒種	廿三辛未　夏至
八月大戊寅	初十丁亥　小暑	廿五壬寅　大暑
九月小戊申	初十丁巳　立秋	廿五壬申　處暑
十月大丁丑	十一丁亥　白露	廿七癸卯　秋分
十一月小丁未	十二戊午　寒露	廿七癸酉　霜降
十二月大丙子	十三戊子　立冬	廿九甲辰　小雪
十二月朔大餘3,小餘933。小雪大餘31,小餘2。		

附：陳立公羊義疏引包氏曆譜

經：（春正月）甲午,祠兵。

包氏慎言云：“春有甲午祠兵,二月十四日：上書‘春正月,師次于郎,以俟陳人、蔡人’,下書‘夏,師及齊師圍盛,盛降于齊師’,傳云‘何言乎祠兵？爲久也。曷爲爲久？吾將以甲午之日,然後祠兵於是’。然則,圍成之師,雖以正月出而次于近郊,至二月甲午乃祠兵習戰,故傳以爲久也。若祠兵之文,明魯之不亟亟於取成,以殺滅同姓之恥,則甲午非正月審矣。長曆以爲正月十三,非也。”

莊公九年

正月大丙午	十四己未　大雪	廿九甲戌　冬至
二月小丙子	十四己丑　小寒	廿九甲辰　大寒
閏二月大乙巳	十六庚申　立春	
三月小乙亥	初一乙亥　雨水	十六庚寅　驚蟄
四月大甲辰	初二乙巳　春分	十八辛酉　清明
五月小甲戌	初三丙子　穀雨	十八辛卯　立夏
六月大癸卯	初四丙午　小滿	十九辛酉　芒種
七月小癸酉	初五丁丑　夏至	二十壬辰　小暑
八月大壬寅	初六丁未　大暑	廿一壬戌　立秋
九月小壬申	初七戊寅　處暑	廿二癸巳　白露
十月大辛丑	初八戊申　秋分	廿三癸亥　寒露
十一月小辛未	初八戊寅　霜降	廿四甲午　立冬
十二月大庚子	初十己酉　小雪	廿五甲子　大雪
十二月朔大餘27，小餘840。大雪大餘51，小餘17。		

附：陳立公羊義疏引包氏曆譜

　　經：八月庚申，及齊師戰于乾時。

　　包氏慎言云：“八月書‘庚申，及齊師戰于乾時’，月之十九日。”

莊公十年

正月小庚午	初十己卯　冬至	廿五甲午　小寒
二月大己亥	十二庚戌　大寒	廿七乙丑　立春
三月大己巳	十二庚辰　雨水	廿七乙未　驚蟄
四月小己亥	十三辛亥　春分	廿八丙寅　清明
五月大戊辰	十四辛巳　穀雨	廿九丙申　立夏
六月小戊戌	十四辛亥　小滿	三十丁卯　芒種
七月大丁卯	十六壬午　夏至	
八月小丁酉	初一丁酉　小暑	十六壬子　大暑
九月大丙寅	初三戊辰　立秋	十八癸未　處暑
十月小丙申	初三戊戌　白露	十八癸丑　秋分
十一月大乙丑	初四戊辰　寒露	二十甲申　霜降
十二月小乙未	初五己亥　立冬	二十甲寅　小雪
十二月朔大餘22,小餘248。小雪大餘41,小餘18。		

莊公十一年

正月大甲子	初六己巳　大雪	廿二乙酉　冬至
二月小甲午	初七庚子　小寒	廿二乙卯　大寒
三月大癸亥	初八庚午　立春	廿三乙酉　雨水
四月小癸巳	初九辛丑　驚蟄	廿四丙辰　春分
五月大壬戌	初十辛未　清明	廿五丙戌　穀雨
六月小壬辰	初十辛丑　立夏	廿六丁巳　小滿
七月大辛酉	十二壬申　芒種	廿七丁亥　夏至
八月大辛卯	十二壬寅　小暑	廿八戊午　大暑
九月小辛酉	十三癸酉　立秋	廿八戊子　處暑
十月大庚寅	十四癸卯　白露	廿九戊午　秋分
閏十月小庚申	十五甲戌　寒露	
十一月大己丑	初一己丑　霜降	十六甲辰　立冬
十二月小己未	初一己未　小雪	十七乙亥　大雪
十二月朔大餘 46，小餘 155。大雪大餘 2，小餘 1。		

莊公十二年

正月大戊子	初三庚寅　冬至	十八乙巳　小寒
二月小戊午	初三庚申　大寒	十八乙亥　立春
三月大丁亥	初五辛卯　雨水	二十丙午　驚蟄
四月小丁巳	初五辛酉　春分	二十丙子　清明
五月大丙戌	初七壬辰　穀雨	廿二丁未　立夏
六月小丙辰	初七壬戌　小滿	廿二丁丑　芒種
七月大乙酉	初八壬辰　夏至	廿四戊申　小暑
八月小乙卯	初九癸亥　大暑	廿四戊寅　立秋
九月大甲申	初十癸巳　處暑	廿五戊申　白露
十月大甲寅	十一甲子　秋分	廿六己卯　寒露
十一月小甲申	十一甲午　霜降	廿六己酉　立冬
十二月大癸丑	十三乙丑　小雪	廿八庚辰　大雪
十二月朔大餘 40，小餘 503。大雪大餘 7，小餘 9。		

附：陳立公羊義疏引包氏曆譜

　　經：八月甲午，宋萬弒其君接及其大夫仇牧。

　　包氏慎言云："八月經有甲午，曆八月無甲午，九月之十日也。宋萬以十月出奔，不應八月弒其君，至十月方出奔。似曆爲九月。"

莊公十三年

正月小癸未	十三乙未　冬至	廿八庚戌　小寒
二月大壬子	十四乙丑　大寒	三十辛巳　立春
三月小壬午	十五丙申　雨水	
四月大辛亥	初一辛亥　驚蟄	十六丙寅　春分
五月小辛巳	初二壬午　清明	十七丁酉　穀雨
六月大庚戌	初三壬子　立夏	十八丁卯　小滿
七月小庚辰	初三壬午　芒種	十九戊戌　夏至
八月大己酉	初五癸丑　小暑	二十戊辰　大暑
九月小己卯	初五癸未　立秋	廿一己亥　處暑
十月大戊申	初七甲寅　白露	廿二己巳　秋分
十一月小戊寅	初七甲申　寒露	廿二己亥　霜降
十二月大丁未	初九乙卯　立冬	廿四庚午　小雪
十二月朔大餘 34，小餘 851。小雪大餘 57，小餘 10。		

莊公十四年

正月小丁丑	初九乙酉　大雪	廿四庚子　冬至
二月大丙午	初十乙卯　小寒	廿六辛未　大寒
三月大丙子	十一丙戌　立春	廿六辛丑　雨水
四月小丙午	十一丙辰　驚蟄	廿七壬申　春分
五月大乙亥	十三丁亥　清明	廿八壬寅　穀雨
六月小乙巳	十三丁巳　立夏	廿八壬申　小滿
七月大甲戌	十五戊子　芒種	三十癸卯　夏至
閏七月小甲辰	十五戊午　小暑	
八月大癸酉	初一癸酉　大暑	十七己丑　立秋
九月小癸卯	初二甲辰　處暑	十七己未　白露
十月大壬申	初三甲戌　秋分	十八己丑　寒露
十一月小壬寅	初四乙巳　霜降	十九庚申　立冬
十二月大辛未	初五乙亥　小雪	二十庚寅　大雪
十二月朔大餘 58，小餘 758。大雪大餘 17，小餘 25。		

莊公十五年

正月小辛丑	初六丙午　冬至	廿一辛酉　小寒
二月大庚午	初七丙子　大寒	廿二辛卯　立春
三月小庚子	初七丙午　雨水	廿三壬戌　驚蟄
四月大己巳	初九丁丑　春分	廿四壬辰　清明
五月小己亥	初九丁未　穀雨	廿四壬戌　立夏
六月大戊辰	十一戊寅　小滿	廿六癸巳　芒種
七月大戊戌	十一戊申　夏至	廿六癸亥　小暑
八月小戊辰	十二己卯　大暑	廿七甲午　立秋
九月大丁酉	十三己酉　處暑	廿八甲子　白露
十月小丁卯	十三己卯　秋分	廿九乙未　寒露
十一月大丙申	十五庚戌　霜降	三十乙丑　立冬
十二月小丙寅	十五庚辰　小雪	
十二月朔大餘 53，小餘 166。小雪大餘 7，小餘 26。		

莊公十六年

正月大乙未	初二丙申　大雪	十七辛亥　冬至
二月小乙丑	初二丙寅　小寒	十七辛巳　大寒
三月大甲午	初三丙申　立春	十九壬子　雨水
四月小甲子	初四丁卯　驚蟄	十九壬午　春分
五月大癸巳	初五丁酉　清明	廿一癸丑　穀雨
六月小癸亥	初六戊辰　立夏	廿一癸未　小滿
七月大壬辰	初七戊戌　芒種	廿二癸丑　夏至
八月小壬戌	初八己巳　小暑	廿三甲申　大暑
九月大辛卯	初九己亥　立秋	廿四甲寅　處暑
十月大辛酉	初九己巳　白露	廿五乙酉　秋分
十一月小辛卯	初十庚子　寒露	廿五乙卯　霜降
十二月大庚申	十一庚午　立冬	廿七丙戌　小雪

十二月朔大餘47,小餘514。小雪大餘13,小餘2。

莊公十七年

正月小庚寅	十二辛丑　大雪	廿七丙辰　冬至
二月大己未	十三辛未　小寒	廿八丙戌　大寒
三月小己丑	十四壬寅　立春	廿九丁巳　雨水
四月大戊午	十五壬申　驚蟄	三十丁亥　春分
閏四月小戊子	十六癸卯　清明	
五月大丁巳	初二戊午　穀雨	十七癸酉　立夏
六月小丁亥	初二戊子　小滿	十七癸卯　芒種
七月大丙辰	初四己未　夏至	十九甲戌　小暑
八月小丙戌	初四己丑　大暑	十九甲辰　立秋
九月大乙卯	初六庚申　處暑	廿一乙亥　白露
十月小乙酉	初六庚寅　秋分	廿一乙巳　寒露
十一月大甲寅	初七庚申　霜降	廿三丙子　立冬
十二月小甲申	初八辛卯　小雪	廿三丙午　大雪
十二月朔大餘 11,小餘 421。大雪大餘 33,小餘 17。		

莊公十八年

正月大癸丑	初九辛酉 冬至	廿四丙子 小寒
二月大癸未	初十壬辰 大寒	廿五丁未 立春
三月小癸丑	初十壬戌 雨水	廿五丁丑 驚蟄
四月大壬午	十二癸巳 春分	廿七戊申 清明
五月小壬子	十二癸亥 穀雨	廿七戊寅 立夏
六月大辛巳	十三癸巳 小滿	廿九己酉 芒種
七月小辛亥	十四甲子 夏至	廿九己卯 小暑
八月大庚辰	十五甲午 大暑	
九月小庚戌	初一庚戌 立秋	十六乙丑 處暑
十月大己卯	初二庚辰 白露	十七乙未 秋分
十一月小己酉	初二庚戌 寒露	十八丙寅 霜降
十二月大戊寅	初四辛巳 立冬	十九丙申 小雪
十二月朔大餘 5，小餘 769。小雪大餘 23，小餘 18。		

附：陳立公羊義疏引包氏曆譜

經：三月，日有食之。

包氏慎言云："經三月書日食，不言日與朔，公羊例爲食晦。劉孝孫推以爲壬子朔，小二月，三月即壬子朔。劉歆亦以爲食晦，穀梁例爲夜食。曆爲二月晦日。然則經書三月者，正其當爲朔也。"

莊公十九年

正月小戊申	初四辛亥　大雪	二十丁卯　冬至
二月大丁丑	初六壬午　小寒	廿一丁酉　大寒
三月小丁未	初六壬子　立春	廿一丁卯　雨水
四月大丙子	初八癸未　驚蟄	廿三戊戌　春分
五月大丙午	初八癸丑　清明	廿三戊辰　穀雨
六月小丙子	初八癸未　立夏	廿四己亥　小滿
七月大乙巳	初十甲寅　芒種	廿五己巳　夏至
八月小乙亥	初十甲申　小暑	廿六庚子　大暑
九月大甲辰	十二乙卯　立秋	廿七庚午　處暑
十月小甲戌	十二乙酉　白露	廿七庚子　秋分
十一月大癸卯	十四丙辰　寒露	廿九辛未　霜降
十二月小癸酉	十四丙戌　立冬	廿九辛丑　小雪
閏十二月大壬寅	十六丁巳　大雪	
閏十二月朔大餘29，小餘676。小雪大餘44，小餘1。		

莊公二十年

正月小壬申	初一壬申　冬至	十六丁亥　小寒
二月大辛丑	初二壬寅　大寒	十七丁巳　立春
三月小辛未	初三癸酉　雨水	十八戊子　驚蟄
四月大庚子	初四癸卯　春分	十九戊午　清明
五月小庚午	初五甲戌　穀雨	二十己丑　立夏
六月大己亥	初六甲辰　小滿	廿一己未　芒種
七月小己巳	初六甲戌　夏至	廿二庚寅　小暑
八月大戊戌	初八乙巳　大暑	廿三庚申　立秋
九月大戊辰	初八乙亥　處暑	廿三庚寅　白露
十月小戊戌	初九丙午　秋分	廿四辛酉　寒露
十一月大丁卯	初十丙子　霜降	廿五辛卯　立冬
十二月小丁酉	十一丁未　小雪	廿六壬戌　大雪
十二月朔大餘24，小餘84。大雪大餘49，小餘9。		

莊公二十一年

正月大丙寅	十二丁丑　冬至	廿七壬辰　小寒
二月小丙申	十二丁未　大寒	廿八癸亥　立春
三月大乙丑	十四戊寅　雨水	廿九癸巳　驚蟄
四月小乙未	十四戊申　春分	
五月大甲子	初一甲子　清明	十六己卯　穀雨
六月小甲午	初一甲午　立夏	十六己酉　小滿
七月大癸亥	初二甲子　芒種	十八庚辰　夏至
八月小癸巳	初三乙未　小暑	十八庚戌　大暑
九月大壬戌	初四乙丑　立秋	二十辛巳　處暑
十月小壬辰	初五丙申　白露	二十辛亥　秋分
十一月大辛酉	初六丙寅　寒露	廿一辛巳　霜降
十二月小辛卯	初七丁酉　立冬	廿二壬子　小雪
十二月朔大餘 18，小餘 432。小雪大餘 39，小餘 10。		

附：陳立公羊義疏引包氏曆譜

經：五月辛酉，鄭伯突卒。

包氏慎言云：“夏五月，經有辛酉，鄭厲公之卒日也。葬在十二月，不書日，似與傳‘當時而不日，正也’之例不合。于曆，五月有辛卯，無辛酉，六月之九日、八月之十日皆辛酉，恐經時月皆誤。卒月不誤，葬當在九月，方與例合。”

經：秋七月戊戌，夫人姜氏薨。

包氏慎言云：“秋七月，經有戊戌，曆七月無戊戌，八月之六日也。”

67

莊公二十二年

正月大庚申	初八丁卯　大雪	廿三壬午　冬至
二月大庚寅	初八丁酉　小寒	廿四癸丑　大寒
三月小庚申	初九戊辰　立春	廿四癸未　雨水
四月大己丑	初十戊戌　驚蟄	廿六甲寅　春分
五月小己未	十一己巳　清明	廿六甲申　穀雨
六月大戊子	十二己亥　立夏	廿七甲寅　小滿
七月小戊午	十三庚午　芒種	廿八乙酉　夏至
八月大丁亥	十四庚子　小暑	廿九乙卯　大暑
閏八月小丁巳	十五辛未　立秋	
九月大丙戌	初一丙戌　處暑	十六辛丑　白露
十月小丙辰	初一丙辰　秋分	十六辛未　寒露
十一月大乙酉	初三丁亥　霜降	十八壬寅　立冬
十二月小乙卯	初三丁巳　小雪	十八壬申　大雪
十二月朔大餘42，小餘339。大雪大餘59，小餘25。		

附：陳立公羊義疏引包氏曆譜

經：（春正月）癸丑，葬我小君文姜。

包氏慎言云：“經‘春正月，肆大省’下書‘癸丑，葬我小君文姜’，据穀梁，謂肆省者，嫌文姜有罪，不當葬，故先赦罪人，而後葬文姜，是葬不在正月也。曆二月之廿四日爲癸丑。”

經：秋七月丙申，及齊高傒盟于防。

包氏云：“秋七月，經書‘丙申，及齊高傒盟于防’，曆七月無丙申，八月之十日也。”

莊公二十三年

正月大甲申	初五戊子　冬至	二十癸卯　小寒
二月小甲寅	初五戊午　大寒	二十癸酉　立春
三月大癸未	初六戊子　雨水	廿二甲辰　驚蟄
四月大癸丑	初七己未　春分	廿二甲戌　清明
五月小癸未	初七己丑　穀雨	廿二甲辰　立夏
六月大壬子	初九庚申　小滿	廿四乙亥　芒種
七月小壬午	初九庚寅　夏至	廿四乙巳　小暑
八月大辛亥	十一辛酉　大暑	廿六丙子　立秋
九月小辛巳	十一辛卯　處暑	廿六丙午　白露
十月大庚戌	十二辛酉　秋分	廿八丁丑　寒露
十一月小庚辰	十三壬辰　霜降	廿八丁未　立冬
十二月大己酉	十四壬戌　小雪	三十戊寅　大雪
十二月朔大餘 36，小餘 687。大雪大餘 5，小餘 1。		

莊公二十四年

正月小己卯	十五癸巳　冬至	
二月大戊申	初一戊申　小寒	十六癸亥　大寒
三月小戊寅	初一戊寅　立春	十七甲午　雨水
四月大丁未	初三己酉　驚蟄	十八甲子　春分
五月小丁丑	初三己卯　清明	十九乙未　穀雨
六月大丙午	初五庚戌　立夏	二十乙丑　小滿
七月小丙子	初五庚辰　芒種	二十乙未　夏至
八月大乙巳	初七辛亥　小暑	廿二丙寅　大暑
九月大乙亥	初七辛巳　立秋	廿二丙申　處暑
十月小乙巳	初七辛亥　白露	廿三丁卯　秋分
十一月大甲戌	初九壬午　寒露	廿四丁酉　霜降
十二月小甲辰	初九壬子　立冬	廿五戊辰　小雪
十二月朔大餘 31，小餘 95。小雪大餘 55，小餘 2。		

附：陳立公羊義疏引包氏曆譜

經：八月丁丑，夫人姜氏入。戊寅，大夫宗婦覿，用幣。

包氏慎言云：“經‘八月丁丑，夫人姜氏入。戊寅，大夫宗婦覿，用幣’，曆八月無丁丑、戊寅，七月之三日、四日也。魯、齊地密邇，公以夏迎夫人，以秋入，疑當在七月，經於月上先書‘秋，公至自齊’，下書夫人之入，別其月與日者，公羊所謂‘夫人不僂，不可使入，與公有所約，然後入’，蓋著公之見要也，非公迎夫人先以七月至，夫人於八月方入。傳寫誤七月爲八月耳。”

莊公二十五年

正月大癸酉	十一癸未　大雪	廿六戊戌　冬至
二月小癸卯	十一癸丑　小寒	廿六戊辰　大寒
三月大壬申	十三甲申　立春	廿八己亥　雨水
四月小壬寅	十三甲寅　驚蟄	廿八己巳　春分
五月大辛未	十五乙酉　清明	三十庚子　穀雨
閏五月小辛丑	十五乙卯　立夏	
六月大庚午	初一庚午　小滿	十六乙酉　芒種
七月小庚子	初二辛丑　夏至	十七丙辰　小暑
八月大己巳	初三辛未　大暑	十八丙戌　立秋
九月小己亥	初四壬寅　處暑	十九丁巳　白露
十月大戊辰	初五壬申　秋分	二十丁亥　寒露
十一月大戊戌	初五壬寅　霜降	廿一戊午　立冬
十二月小戊辰	初六癸酉　小雪	廿一戊子　大雪
十二月朔大餘 55，小餘 2。大雪大餘 15，小餘 17。		

附：陳立公羊義疏引包氏曆譜

經：夏五月癸丑，衛侯朔卒。六月辛未朔，日有食之。

包氏云："經夏五月有癸丑，閏月之十三日也。""六月書'辛未朔，日有食之'，閏分至五月後，積二百三十五，六月無中氣，故退閏五月，而六月爲辛未朔也。元史曆志：'大衍推七月辛未朔，交分入食限。'"

莊公二十六年

正月大丁酉	初七癸卯　冬至	廿二戊午　小寒
二月小丁卯	初八甲戌　大寒	廿三己丑　立春
三月大丙申	初九甲辰　雨水	廿四己未　驚蟄
四月小丙寅	初十乙亥　春分	廿五庚寅　清明
五月大乙未	十一乙巳　穀雨	廿六庚申　立夏
六月小乙丑	十一乙亥　小滿	廿七辛卯　芒種
七月大甲午	十三甲午　夏至	廿八辛酉　小暑
八月小甲子	十三丙子　大暑	廿九壬辰　立秋
九月大癸巳	十五丁未　處暑	三十壬戌　白露
十月小癸亥	十五丁丑　秋分	
十一月大壬辰	初一壬辰　寒露	十七戊申　霜降
十二月小壬戌	初二癸亥　立冬	十七戊寅　小雪
十二月朔大餘49,小餘350。小雪大餘5,小餘18。		

附：陳立 公羊義疏引包氏 曆譜

經：十有二月癸亥朔,日有食之。

包氏云:"經書'十二月癸亥朔,日有食之',曆爲十月之二日。劉歆同。"

莊公二十七年

正月大辛卯	初三癸巳　大雪	十九己酉　冬至
二月小辛酉	初四甲子　小寒	十九己卯　大寒
三月大庚寅	初五甲午　立春	二十己酉　雨水
四月大庚申	初六乙丑　驚蟄	廿一庚辰　春分
五月小庚寅	初六乙未　清明	廿一庚戌　穀雨
六月大己未	初七乙丑　立夏	廿三辛巳　小滿
七月小己丑	初八丙申　芒種	廿三辛亥　夏至
八月大戊午	初九丙寅　小暑	廿五壬午　大暑
九月小戊子	初十丁酉　立秋	廿五壬子　處暑
十月大丁巳	十一丁卯　白露	廿六壬午　秋分
十一月小丁亥	十二戊戌　寒露	廿七癸丑　霜降
十二月大丙辰	十三戊辰　立冬	廿八癸未　小雪
十二月朔大餘43，小餘698。小雪大餘10，小餘26。		

莊公二十八年

正月小丙戌	十四己亥　大雪	廿九甲寅　冬至
二月大乙卯	十五己巳　小寒	三十甲申　大寒
閏二月小乙酉	十五己亥　立春	
三月大甲寅	初二乙卯　雨水	十七庚午　驚蟄
四月小甲申	初二乙酉　春分	十七庚子　清明
五月大癸丑	初四丙辰　穀雨	十九辛未　立夏
六月小癸未	初四丙戌　小滿	十九辛丑　芒種
七月大壬子	初五丙辰　夏至	廿一壬申　小暑
八月大壬午	初六丁亥　大暑	廿一壬寅　立秋
九月小壬子	初六丁巳　處暑	廿一壬申　白露
十月大辛巳	初八戊子　秋分	廿三癸卯　寒露
十一月小辛亥	初八戊午　霜降	廿三癸酉　立冬
十二月大庚辰	初十己丑　小雪	廿五甲辰　大雪
十二月朔大餘7,小餘605。大雪大餘31,小餘9。		

附：陳立公羊義疏引包氏曆譜

　　經：三月甲寅,齊人伐衛。……夏四月丁未,邾婁子瑣卒。

　　包氏慎言云："經三月有甲寅,月之朔日。夏四月有丁未,月之二十四日。"

莊公二十九年

正月小庚戌	初十己未　冬至	廿五甲戌　小寒
二月大己卯	十一己丑　大寒	廿七乙巳　立春
三月小己酉	十二庚申　雨水	廿七乙亥　驚蟄
四月大戊寅	十三庚寅　春分	廿九丙午　清明
五月小戊申	十四辛酉　穀雨	廿九丙子　立夏
六月大丁丑	十五辛卯　小滿	三十丙午　芒種
七月小丁未	十六壬戌　夏至	
八月大丙子	初二丁丑　小暑	十七壬辰　大暑
九月小丙午	初二丁未　立秋	十八癸亥　處暑
十月大乙亥	初四戊寅　白露	十九癸巳　秋分
十一月大乙巳	初四戊申　寒露	十九癸亥　霜降
十二月小乙亥	初五己卯　立冬	二十甲午　小雪
十二月朔大餘 2，小餘 13。小雪大餘 21，小餘 10。		

莊公三十年

正月大甲辰	初六己酉　大雪	廿一甲子　冬至
二月小甲戌	初六己卯　小寒	廿二乙未　大寒
三月大癸卯	初八庚戌　立春	廿三乙丑　雨水
四月小癸酉	初八庚辰　驚蟄	廿四丙申　春分
五月大壬寅	初十辛亥　清明	廿五丙寅　穀雨
六月小壬申	初十辛巳　立夏	廿五丙申　小滿
七月大辛丑	十二壬子　芒種	廿七丁卯　夏至
八月小辛未	十二壬午　小暑	廿七丁酉　大暑
九月大庚子	十四癸丑　立秋	廿九戊辰　處暑
十月小庚午	十四癸未　白露	廿九戊戌　秋分
閏十月大己亥	十五癸丑　寒露	
十一月小己巳	初一己巳　霜降	十六甲申　立冬
十二月大戊戌	初二己亥　小雪	十七甲寅　大雪

十二月朔大餘 25，小餘 860。大雪大餘 41，小餘 25。

附：陳立公羊義疏引包氏曆譜

經：八月癸亥，葬紀叔姬。九月庚午朔，日有食之。

包氏慎言云：“經書‘八月癸亥，葬紀叔姬’，閏月之二十四日。閏分八月止二百十二，數在得半以上，故可置閏。下有‘九月庚午朔，日有食之’，知時閏八月也。劉歆以爲八月朔，推曆是年宜閏十一月，癸亥爲九月之廿四日，庚午爲十月朔，非八月也。”

莊公三十一年

正月小戊辰	初三庚午　冬至	十八乙酉　小寒
二月大丁酉	初四庚子　大寒	十九乙卯　立春
三月大丁卯	初四庚午　雨水	二十丙戌　驚蟄
四月小丁酉	初五辛丑　春分	二十丙辰　清明
五月大丙寅	初六辛未　穀雨	廿一丙戌　立夏
六月小丙申	初七壬寅　小滿	廿二丁巳　芒種
七月大乙丑	初八壬申　夏至	廿三丁亥　小暑
八月小乙未	初九癸卯　大暑	廿四戊午　立秋
九月大甲子	初十癸酉　處暑	廿五戊子　白露
十月小甲午	初十癸卯　秋分	廿六己未　寒露
十一月大癸亥	十二甲戌　霜降	廿七己丑　立冬
十二月小癸巳	十二甲辰　小雪	廿八庚申　大雪
十二月朔大餘20，小餘268。大雪大餘47，小餘1。		

莊公三十二年

正月大壬戌	十四乙亥　冬至	廿九庚寅　小寒
二月小壬辰	十四乙巳　大寒	廿九庚申　立春
三月大辛酉	十六丙子　雨水	
四月小辛卯	初一辛卯　驚蟄	十六丙午　春分
五月大庚申	初二辛酉　清明	十八丁丑　穀雨
六月大庚寅	初三壬辰　立夏	十八丁未　小滿
七月小庚申	初三壬戌　芒種	十八丁丑　夏至
八月大己丑	初五癸巳　小暑	二十戊申　大暑
九月小己未	初五癸亥　立秋	二十戊寅　處暑
十月大戊子	初六癸巳　白露	廿二己酉　秋分
十一月小戊午	初七甲子　寒露	廿二己卯　霜降
十二月大丁亥	初八甲午　立冬	廿四庚戌　小雪

十二月朔大餘 14，小餘 616。小雪大餘 37，小餘 2。

附：陳立公羊義疏引包氏曆譜

經：秋七月癸巳，公子牙卒。八月癸亥，公薨于路寢。

包氏慎言云："經秋七月有癸巳，曆為八月之六日。""八月有癸亥，曆為九月之六日。十月有乙未，月之九日。十月有乙未，則八月不得有癸亥矣。左氏乙作己，曆十月無己未，左氏誤。"

閔公元年

正月小丁巳	初九乙丑　大雪	廿四庚辰　冬至
二月大丙戌	初十乙未　小寒	廿五庚戌　大寒
三月小丙辰	十一丙寅　立春	廿六辛巳　雨水
四月大乙酉	十二丙申　驚蟄	廿七辛亥　春分
五月小乙卯	十三丁卯　清明	廿八壬午　穀雨
六月大甲申	十四丁酉　立夏	廿九壬子　小滿
閏六月小甲寅	十四丁卯　芒種	
七月大癸未	初一癸未　夏至	十六戊戌　小暑
八月小癸丑	初一癸丑　大暑	十六戊辰　立秋
九月大壬午	初三甲申　處暑	十八己亥　白露
十月大壬子	初三甲寅　秋分	十八己巳　寒露
十一月小壬午	初三甲申　霜降	十九庚子　立冬
十二月大辛亥	初五乙卯　小雪	二十庚午　大雪
十二月朔大餘38,小餘523。大雪大餘57,小餘17。		

附：陳立公羊義疏引包氏曆譜

經：夏六月辛酉,葬我君莊公。

包氏慎言云:"夏六月,經有辛酉,曆爲七月之九日。"

閔公二年

正月小辛巳	初五乙酉　冬至	二十庚子　小寒
二月大庚戌	初七丙辰　大寒	廿二辛未　立春
三月小庚辰	初七丙戌　雨水	廿二辛丑　驚蟄
四月大己酉	初九丁巳　春分	廿四壬申　清明
五月小己卯	初九丁亥　穀雨	廿四壬寅　立夏
六月大戊申	初十丁巳　小滿	廿六癸酉　芒種
七月小戊寅	十一戊子　夏至	廿六癸卯　小暑
八月大丁未	十二戊午　大暑	廿八甲戌　立秋
九月小丁丑	十三己丑　處暑	廿八甲辰　白露
十月大丙午	十四己未　秋分	廿九甲戌　寒露
十一月小丙子	十五庚寅　霜降	
十二月大乙巳	初一乙巳　立冬	十六庚申　小雪
十二月朔大餘 32, 小餘 871。小雪大餘 47, 小餘 18。		

附：陳立公羊義疏引包氏曆譜

經：五月乙酉，吉禘于莊公。

包氏慎言云："經五月書'乙酉，吉禘于莊公'，月之七日。"

經：八月辛丑，公薨。

包氏慎言云："八月無辛丑，九月之二十五日也。長曆置閏於六月，故八月有辛丑。"

春秋公羊傳曆譜訂正四　僖公

僖公元年

正月小乙亥	初一乙亥　大雪	十七辛卯　冬至
二月大甲辰	初三丙午　小寒	十八辛酉　大寒
三月大甲戌	初三丙子　立春	十八辛卯　雨水
四月小甲辰	初四丁未　驚蟄	十九壬戌　春分
五月大癸酉	初五丁丑　清明	二十壬辰　穀雨
六月小癸卯	初五丁未　立夏	廿一癸亥　小滿
七月大壬申	初七戊寅　芒種	廿二癸巳　夏至
八月小壬寅	初七戊申　小暑	廿三甲子　大暑
九月大辛未	初九己卯　立秋	廿三甲午　處暑
十月小辛丑	初九己酉　白露	廿四甲子　秋分
十一月大庚午	十一庚辰　寒露	廿六乙未　霜降
十二月小庚子	十一庚戌　立冬	廿六乙丑　小雪
十二月朔大餘27，小餘279。小雪大餘52，小餘26。		

附：陳立公羊義疏引包氏曆譜

　　經：七月戊辰，夫人姜氏薨于夷。

　　包氏慎言云："經七月有戊辰，曆爲八月之二十七日。"

經：冬十月壬午，公子友帥師敗莒師于麗。

包氏慎言云：“冬十月經有壬午，曆爲十一月之十三日。十二月經有丁巳，其月之十八日也。丁巳日不誤，則十月不得有壬午。長曆於閔二年閏六月，此年又閏十一月，故於經所書日皆無牴牾。然當時曆雖疏，不應如此之乖謬也。”

僖公二年

正月大己巳	十三辛巳　大雪	廿八丙申　冬至
二月小己亥	十三辛亥　小寒	廿八丙寅　大寒
三月大戊辰	十四辛巳　立春	三十丁酉　雨水
閏三月小戊戌	十五壬子　驚蟄	
四月大丁卯	初一丁卯　春分	十六壬午　清明
五月大丁酉	初二戊戌　穀雨	十七癸丑　立夏
六月小丁卯	初二戊辰　小滿	十七癸未　芒種
七月大丙申	初三戊戌　夏至	十九甲寅　小暑
八月小丙寅	初四己巳　大暑	十九甲申　立秋
九月大乙未	初五己亥　處暑	二十甲寅　白露
十月小乙丑	初六庚午　秋分	廿一乙酉　寒露
十一月大甲午	初七庚子　霜降	廿二乙卯　立冬
十二月小甲子	初八辛未　小雪	廿三丙戌　大雪
十二月朔大餘 51，小餘 186。大雪大餘 13，小餘 9。		

附：陳立公羊義疏引包氏曆譜

　經：五月辛巳，葬我小君哀姜。

　包氏慎言云："五月有辛巳，月之十四日。"

僖公三年

正月大癸巳	初九辛丑　冬至	廿四丙辰　小寒
二月小癸亥	初九辛未　大寒	廿五丁亥　立春
三月大壬辰	十一壬寅　雨水	廿六丁巳　驚蟄
四月小壬戌	十一壬申　春分	廿七戊子　清明
五月大辛卯	十三癸卯　穀雨	廿八戊午　立夏
六月小辛酉	十三癸酉　小滿	廿八戊子　芒種
七月大庚寅	十五甲辰　夏至	三十己未　小暑
八月小庚申	十五甲戌　大暑	
九月大己丑	初一己丑　立秋	十七乙巳　處暑
十月大己未	初二庚申　白露	十七乙亥　秋分
十一月小己丑	初二庚寅　寒露	十七乙巳　霜降
十二月大戊午	初四辛酉　立冬	十九丙子　小雪
十二月朔大餘 45,小餘 534。小雪大餘 3,小餘 10。		

僖公四年

正月小戊子	初四辛卯　大雪	十九丙午　冬至
二月大丁巳	初五辛酉　小寒	廿一丁丑　大寒
三月小丁亥	初六壬辰　立春	廿一丁未　雨水
四月大丙辰	初七壬戌　驚蟄	廿三戊寅　春分
五月小丙戌	初八癸巳　清明	廿三戊申　穀雨
六月大乙卯	初九癸亥　立夏	廿四戊寅　小滿
七月小乙酉	初十甲午　芒種	廿五己酉　夏至
八月大甲寅	十一甲子　小暑	廿六己卯　大暑
九月小甲申	十二乙未　立秋	廿七庚戌　處暑
十月大癸丑	十三乙丑　白露	廿八庚辰　秋分
十一月小癸未	十三乙未　寒露	廿九辛亥　霜降
十二月大壬子	十五丙寅　立冬	三十辛巳　小雪
閏十二月大壬午	十五丙申　大雪	
閏十二月朔大餘 9，小餘 441。大雪大餘 23，小餘 25。		

僖公五年

正月小壬子	初一壬子　冬至	十六丁卯　小寒
二月大辛巳	初二壬午　大寒	十七丁酉　立春
三月小辛亥	初二壬子　雨水	十八戊辰　驚蟄
四月大庚辰	初四癸未　春分	十九戊戌　清明
五月小庚戌	初四癸丑　穀雨	十九戊辰　立夏
六月大己卯	初六甲申　小滿	廿一己亥　芒種
七月小己酉	初六甲寅　夏至	廿一己巳　小暑
八月大戊寅	初八乙酉　大暑	廿三庚子　立秋
九月小戊申	初八乙卯　處暑	廿三庚午　白露
十月大丁丑	初九乙酉　秋分	廿五辛丑　寒露
十一月小丁未	初十丙辰　霜降	廿五辛未　立冬
十二月大丙子	十一丙戌　小雪	廿七壬寅　大雪
十二月朔大餘3,小餘789。大雪大餘29,小餘1。		

僖公六年

正月小丙午	十二丁巳　冬至	廿七壬申　小寒
二月大乙亥	十三丁亥　大寒	廿八壬寅　立春
三月小乙巳	十四戊午　雨水	廿九癸酉　驚蟄
四月大甲戌	十五戊子　春分	三十癸卯　清明
五月大甲辰	十六己未　穀雨	
六月小甲戌	初一甲戌　立夏	十六己丑　小滿
七月大癸卯	初二甲辰　芒種	十七己未　夏至
八月小癸酉	初三乙亥　小暑	十八庚寅　大暑
九月大壬寅	初四乙巳　立秋	十九庚申　處暑
十月小壬申	初四乙亥　白露	二十辛卯　秋分
十一月大辛丑	初六丙午　寒露	廿一辛酉　霜降
十二月小辛未	初六丙子　立冬	廿二壬辰　小雪
十二月朔大餘 19，小餘 197。小雪大餘 40，小餘 2。		

僖公七年

正月大庚子	初八丁未　大雪	廿三壬戌　冬至
二月小庚午	初八丁丑　小寒	廿三壬辰　大寒
三月大己亥	初十戊申　立春	廿五癸亥　雨水
四月小己巳	初十戊寅　驚蟄	廿五癸巳　春分
五月大戊戌	十二己酉　清明	廿七甲子　穀雨
六月小戊辰	十二己卯　立夏	廿七甲午　小滿
七月大丁酉	十三己酉　芒種	廿九乙丑　夏至
八月小丁卯	十四庚辰　小暑	廿九乙未　大暑
閏八月大丙申	十五庚戌　立秋	
九月大丙寅	初一丙寅　處暑	十六辛巳　白露
十月小丙申	初一丙申　秋分	十六辛亥　寒露
十一月大乙丑	初二丙寅　霜降	十八壬午　立冬
十二月小乙未	初三丁酉　小雪	十八壬子　大雪
十二月朔大餘 43，小餘 104。大雪大餘無，小餘 17。		

僖公八年

正月大甲子	初四丁卯　冬至	十九壬午　小寒
二月小甲午	初五戊戌　大寒	二十癸丑　立春
三月大癸亥	初六戊辰　雨水	廿一癸未　驚蟄
四月小癸巳	初七己亥　春分	廿二甲寅　清明
五月大壬戌	初八己巳　穀雨	廿三甲申　立夏
六月小壬辰	初八己亥　小滿	廿四乙卯　芒種
七月大辛酉	初十庚午　夏至	廿五乙酉　小暑
八月小辛卯	初十庚子　大暑	廿六丙辰　立秋
九月大庚申	十二辛未　處暑	廿七丙戌　白露
十月小庚寅	十二辛丑　秋分	廿七丙辰　寒露
十一月大己未	十四壬申　霜降	廿九丁亥　立冬
十二月大己丑	十四壬寅　小雪	廿九丁巳　大雪
十二月朔大餘 37，小餘 452。大雪大餘 5，小餘 25。		

附：陳立 公羊義疏引包氏曆譜

　　經：十有二月丁未，天王崩。

　　包氏慎言云：“經書十二月丁未，天王崩，月之二十一日。”

僖公九年

正月小己未	十五癸酉　冬至	
二月大戊子	初一戊子　小寒	十六癸卯　大寒
三月小戊午	初一戊午　立春	十六癸酉　雨水
四月大丁亥	初三己丑　驚蟄	十八甲辰　春分
五月小丁巳	初三己未　清明	十八甲戌　穀雨
六月大丙戌	初四己丑　立夏	二十乙巳　小滿
七月小丙辰	初五庚申　芒種	二十乙亥　夏至
八月大乙酉	初六庚寅　小暑	廿二丙午　大暑
九月小乙卯	初七辛酉　立秋	廿二丙子　處暑
十月大甲申	初八辛卯　白露	廿三丙午　秋分
十一月小甲寅	初九壬戌　寒露	廿四丁丑　霜降
十二月大癸未	初十壬辰　立冬	廿五丁未　小雪

十二月朔大餘 31，小餘 800。小雪大餘 55，小餘 26。

附：<u>陳立</u>公羊義疏引<u>包氏</u>曆譜

經：三月丁丑，宋公<u>禦説</u>卒。

<u>包氏</u>慎言云："經書'三月丁丑，宋公<u>禦説</u>卒'，月之二十一日。<u>左氏</u>經作正月，正月之二十一日，亦爲丁丑。"

經：七月乙酉，伯姬卒。

<u>包氏</u>慎言云："伯姬之卒，係在八月二日，而經書於七月。按曆乙酉爲八月朔日，若七月大，則乙酉爲三十日。"

經：九月戊辰，諸侯盟于葵丘。甲戌，晉侯詭諸卒。

包氏慎言云：“九月戊辰，盟于葵丘，月之十六日。”“甲戌，晉侯詭諸卒，月之二十一日。”

僖公十年

正月小癸丑	十一癸亥　大雪	廿六戊寅　冬至
二月大壬午	十二癸巳　小寒	廿七戊申　大寒
三月小壬子	十二癸亥　立春	廿八己卯　雨水
四月大辛巳	十四甲午　驚蟄	廿九己酉　春分
五月大辛亥	十四甲子　清明	三十庚辰　穀雨
閏五月小辛巳	十五乙未　立夏	
六月大庚戌	初一庚戌　小滿	十六乙丑　芒種
七月小庚辰	初一庚辰　夏至	十七丙申　小暑
八月大己酉	初三辛亥　大暑	十八丙寅　立秋
九月小己卯	初三辛巳　處暑	十八丙申　白露
十月大戊申	初五壬子　秋分	二十丁卯　寒露
十一月小戊寅	初五壬午　霜降	二十丁酉　立冬
十二月大丁未	初七癸丑　小雪	廿二戊辰　大雪
十二月朔大餘 55，小餘 707。大雪大餘 16，小餘 9。		

僖公十一年

正月小丁丑	初七癸未　冬至	廿二戊戌　小寒
二月大丙午	初八癸丑　大寒	廿四己巳　立春
三月小丙子	初九甲申　雨水	廿四己亥　驚蟄
四月大乙巳	初十甲寅　春分	廿六庚午　清明
五月小乙亥	十一乙酉　穀雨	廿六庚子　立夏
六月大甲辰	十二乙卯　小滿	廿七庚午　芒種
七月小甲戌	十三丙戌　夏至	廿八辛丑　小暑
八月大癸卯	十四丙辰　大暑	廿九辛未　立秋
九月大癸酉	十五丁亥　處暑	三十壬寅　白露
十月小癸卯	十五丁巳　秋分	
十一月大壬申	初一壬申　寒露	十六丁亥　霜降
十二月小壬寅	初二癸卯　立冬	十七戊午　小雪
十二月朔大餘 50，小餘 115。小雪大餘 6，小餘 10。		

僖公十二年

正月大辛未	初三癸酉　大雪	十八戊子　冬至
二月小辛丑	初三癸卯　小寒	十九己未　大寒
三月大庚午	初五甲戌　立春	二十己丑　雨水
四月小庚子	初五甲辰　驚蟄	廿一庚申　春分
五月大己巳	初七乙亥　清明	廿二庚寅　穀雨
六月小己亥	初七乙巳　立夏	廿二庚申　小滿
七月大戊辰	初九丙子　芒種	廿四辛卯　夏至
八月小戊戌	初九丙午　小暑	廿四辛酉　大暑
九月大丁卯	十一丁丑　立秋	廿六壬辰　處暑
十月小丁酉	十一丁未　白露	廿六壬戌　秋分
十一月大丙寅	十二丁丑　寒露	廿八癸巳　霜降
十二月大丙申	十三戊申　立冬	廿八癸亥　小雪
十二月朔大餘44，小餘463。小雪大餘11，小餘18。		

附：陳立公羊義疏引包氏曆譜

經：三月庚午，日有食之。

包氏慎言云：“經書‘三月庚午，日有食之’，傳例：言日不言朔，非失在朔前，即失在朔後。庚午爲三月之二日，失在後也。劉歆以爲二月日食，劉孝孫推庚午爲三月朔。”

經：十有二月丁丑，陳侯處臼卒。

包氏慎言云：“十二月無丁丑，十一月之二十四日也。”

僖公十三年

正月小丙寅	十三戊寅　大雪	廿九甲午　冬至
二月大乙未	十五己酉　小寒	三十甲子　大寒
閏二月小乙丑	十五己卯　立春	
三月大甲午	初一甲午　雨水	十七庚戌　驚蟄
四月小甲子	初二乙丑　春分	十七庚辰　清明
五月大癸巳	初三乙未　穀雨	十八庚戌　立夏
六月小癸亥	初四丙寅　小滿	十九辛巳　芒種
七月大壬辰	初五丙申　夏至	二十辛亥　小暑
八月小壬戌	初六丁卯　大暑	廿一壬午　立秋
九月大辛卯	初七丁酉　處暑	廿二壬子　白露
十月小辛酉	初七丁卯　秋分	廿三癸未　寒露
十一月大庚寅	初九戊戌　霜降	廿四癸丑　立冬
十二月小庚申	初九戊辰　小雪	廿五甲申　大雪
十二月朔大餘 8，小餘 370。大雪大餘 32，小餘 1。		

僖公十四年

正月大己丑	十一己亥　冬至	廿六甲寅　小寒
二月小己未	十一己巳　大寒	廿六甲申　立春
三月大戊子	十三庚子　雨水	廿八乙卯　驚蟄
四月大戊午	十三庚午　春分	廿八乙酉　清明
五月小戊子	十四辛丑　穀雨	廿九丙辰　立夏
六月大丁巳	十五辛未　小滿	三十丙戌　芒種
七月小丁亥	十五辛丑　夏至	
八月大丙辰	初二丁巳　小暑	十七壬申　大暑
九月小丙戌	初二丁亥　立秋	十七壬寅　處暑
十月大乙卯	初三丁巳　白露	十九癸酉　秋分
十一月小乙酉	初四戊子　寒露	十九癸卯　霜降
十二月大甲寅	初五戊午　立冬	廿一甲戌　小雪
十二月朔大餘2，小餘718。小雪大餘22，小餘2。		

僖公十五年

正月小甲申	初六己丑　大雪	廿一甲辰　冬至
二月大癸丑	初七己未　小寒	廿二甲戌　大寒
三月小癸未	初八庚寅　立春	廿三乙巳　雨水
四月大壬子	初九庚申　驚蟄	廿四乙亥　春分
五月小壬午	初十辛卯　清明	廿五丙午　穀雨
六月大辛亥	十一辛酉　立夏	廿六丙子　小滿
七月大辛巳	十一辛卯　芒種	廿七丁未　夏至
八月小辛亥	十二壬戌　小暑	廿七丁丑　大暑
九月大庚辰	十三壬辰　立秋	廿九戊申　處暑
十月小庚戌	十四癸亥　白露	廿九戊寅　秋分
十一月大己卯	十五癸巳　寒露	三十戊申　霜降
閏十一月小己酉	十六甲子　立冬	
十二月大戊寅	初二己卯　小雪	十七甲午　大雪
十二月朔大餘 26，小餘 625。大雪大餘 42，小餘 17。		

附：陳立 公羊義疏引包氏 曆譜

　　經：（九月）己卯晦，震夷伯之廟。

　　包氏 慎言云：“經書九月晦，震夷伯之廟，月之二日。晦，公、穀皆以爲晦也，不以爲晦日。二傳例，春秋記朔不記晦。”

　　經：十有一月壬戌，晉侯及秦伯戰于韓。

　　包氏 慎言云：“十一月無壬戌，十二月之十六日。”

僖公十六年

正月小戊申	初二己酉　冬至	十七甲子　小寒
二月大丁丑	初四庚辰　大寒	十九乙未　立春
三月小丁未	初四庚戌　雨水	十九乙丑　驚蟄
四月大丙子	初六辛巳　春分	廿一丙申　清明
五月小丙午	初六辛亥　穀雨	廿一丙寅　立夏
六月大乙亥	初七辛巳　小滿	廿三丁酉　芒種
七月小乙巳	初八壬子　夏至	廿三丁卯　小暑
八月大甲戌	初九壬午　大暑	廿五戊戌　立秋
九月小甲辰	初十癸丑　處暑	廿五戊辰　白露
十月大癸酉	十一癸未　秋分	廿六戊戌　寒露
十一月大癸卯	十二甲寅　霜降	廿七己巳　立冬
十二月小癸酉	十二甲申　小雪	廿七己亥　大雪
十二月朔大餘 21，小餘 33。大雪大餘 47，小餘 25。		

附：陳立 公羊義疏引包氏 曆譜

經：正月戊申朔，賣石于宋五。

包氏慎言云：“經書正月戊申朔，據曆，戊申爲正月之二日，非朔也。經連書六鶂退飛之異，而云是月，傳云：是月，僅逮是月也。何以不日？晦日也。春秋不記晦，朔有事則書。此全經之通例，非爲賣石之書朔發也。”

經：三月壬申，公子季友卒。夏四月丙申，鄫季姬卒。秋七月甲子，公孫慈卒。

　　包氏慎言云："三月壬申，月之二十七日。""夏四月書丙申，月之二十二日。""秋七月書甲子，月之二十一日。"

僖公十七年

正月大壬寅	十四乙卯　冬至	廿九庚午　小寒
二月小壬申	十四乙酉　大寒	廿九庚子　立春
三月大辛丑	十五乙卯　雨水	三十辛未　驚蟄
四月小辛未	十六丙戌　春分	
五月大庚子	初二辛丑　清明	十七丙辰　穀雨
六月小庚午	初二辛未　立夏	十八丁亥　小滿
七月大己亥	初四壬寅　芒種	十九丁巳　夏至
八月小己巳	初四壬申　小暑	二十戊子　大暑
九月大戊戌	初六癸卯　立秋	廿一戊午　處暑
十月小戊辰	初六癸酉　白露	廿一戊子　秋分
十一月大丁酉	初八甲辰　寒露	廿三己未　霜降
十二月小丁卯	初八甲戌　立冬	廿三己丑　小雪
十二月朔大餘 15，小餘 381。小雪大餘 37，小餘 26。		

僖公十八年

正月大丙申	初十乙巳　大雪	正月大丙申
二月小丙寅	初十乙亥　小寒	二月小丙寅
三月大乙未	十一乙巳　立春	三月大乙未
四月大乙丑	十二丙子　驚蟄	四月大乙丑
五月小乙未	十二丙午　清明	五月小乙未
六月大甲子	十四丁丑　立夏	六月大甲子
七月小甲午	十四丁未　芒種	七月小甲午
閏七月大癸亥	十六戊寅　小暑	閏七月大癸亥
八月小癸巳	初一癸巳　大暑	八月小癸巳
九月大壬戌	初二癸亥　處暑	九月大壬戌
十月小壬辰	初三甲午　秋分	十月小壬辰
十一月大辛酉	初四甲子　霜降	十一月大辛酉
十二月小辛卯	初五乙未　小雪	十二月小辛卯
十二月朔大餘39，小餘288。大雪大餘58，小餘9。		

附：陳立 公羊義疏引包氏曆譜

　　經：五月戊寅，宋師及齊師戰于甗。

　　包氏慎言云：“五月無戊寅，六月之十六日也。”

　　經：秋八月丁亥，葬齊桓公。

　　包氏慎言云：“八月書丁亥，月之二十六日。閏餘七月後已盈，然閏七月，則八月無丁亥，時蓋閏八月也。”

僖公十九年

正月大庚申	初六乙丑　冬至	廿一庚辰　小寒
二月小庚寅	初六乙未　大寒	廿二辛亥　立春
三月大己未	初八丙寅　雨水	廿三辛巳　驚蟄
四月小己丑	初八丙申　春分	廿四壬子　清明
五月大戊午	初十丁卯　穀雨	廿五壬午　立夏
六月大戊子	初十丁酉　小滿	廿五壬子　芒種
七月小戊午	十一戊辰　夏至	廿六癸未　小暑
八月大丁亥	十二戊戌　大暑	廿七癸丑　立秋
九月小丁巳	十三己巳　處暑	廿八甲申　白露
十月大丙戌	十四己亥　秋分	廿九甲寅　寒露
十一月小丙辰	十四己巳　霜降	
十二月大乙酉	初一乙酉　立冬	十六庚子　小雪
十二月朔大餘33，小餘636。小雪大餘48，小餘10。		

附：陳立公羊義疏引包氏曆譜

　　經：(六月)己酉，邾婁人執鄫子。

　　包氏慎言云：“六月書己酉，月之二十三日。”

僖公二十年

正月小乙卯	初一乙卯　大雪	十六庚午　冬至
二月大甲申	初二乙酉　小寒	十八辛丑　大寒
三月小甲寅	初三丙辰　立春	十八辛未　雨水
四月大癸未	初四丙戌　驚蟄	二十壬寅　春分
五月小癸丑	初五丁巳　清明	二十壬申　穀雨
六月大壬午	初六丁亥　立夏	廿一壬寅　小滿
七月小壬子	初七戊午　芒種	廿二癸酉　夏至
八月大辛巳	初八戊子　小暑	廿三癸卯　大暑
九月小辛亥	初九己未　立秋	廿四甲戌　處暑
十月大庚辰	初十己丑　白露	廿五甲辰　秋分
十一月大庚戌	初十己未　寒露	廿六乙亥　霜降
十二月小庚辰	十一庚寅　立冬	廿六乙巳　小雪
十二月朔大餘28，小餘44。小雪大餘53，小餘18。		

附：陳立公羊義疏引包氏曆譜

　　經：五月乙巳，西宮災。

　　包氏慎言云：“五月書乙巳，五月無乙巳，四月之二十三日。”

僖公二十一年

正月大己酉	十二庚申　大雪	廿八丙子　冬至
二月小己卯	十三辛卯　小寒	廿八丙午　大寒
三月大戊申	十四辛酉　立春	廿九丙子　雨水
閏三月小戊寅	十五壬辰　驚蟄	
四月大丁未	初一丁未　春分	十六壬戌　清明
五月小丁丑	初一丁丑　穀雨	十六壬辰　立夏
六月大丙午	初三戊申　小滿	十八癸亥　芒種
七月小丙子	初三戊寅　夏至	十八癸巳　小暑
八月大乙巳	初五己酉　大暑	二十甲子　立秋
九月小乙亥	初五己卯　處暑	二十甲午　白露
十月大甲辰	初六己酉　秋分	廿二乙丑　寒露
十一月小甲戌	初七庚辰　霜降	廿二乙未　立冬
十二月大癸卯	初八庚戌　小雪	廿四丙寅　大雪
十二月朔大餘51,小餘891。大雪大餘14,小餘1。		

附：陳立公羊義疏引包氏曆譜

經：十有二月癸丑,公會諸侯盟于薄。

包氏慎言云："十二月書癸丑,月之十一日。"

僖公二十二年

正月大癸酉	初九辛巳　冬至	廿四丙申　小寒
二月小癸卯	初九辛亥　大寒	廿四丙寅　立春
三月大壬申	十一壬午　雨水	廿六丁酉　驚蟄
四月小壬寅	十一壬子　春分	廿六丁卯　清明
五月大辛未	十三癸未　穀雨	廿八丁酉　立夏
六月小辛丑	十三癸丑　小滿	廿八戊辰　芒種
七月大庚午	十四癸未　夏至	三十己亥　小暑
八月小庚子	十五甲寅　大暑	
九月大己巳	初一己巳　立秋	十六甲申　處暑
十月小己亥	初一己亥　白露	十七乙卯　秋分
十一月大戊辰	初三庚午　寒露	十八乙酉　霜降
十二月小戊戌	初三庚子　立冬	十九丙辰　小雪
十二月朔大餘 46，小餘 299。小雪大餘 4，小餘 2。		

附：陳立公羊義疏引包氏曆譜

　　經：八月丁未，及邾婁人戰于升陘。

　　包氏慎言云：“八月書丁未，月之九日。”

僖公二十三年

正月大丁卯	初五辛未　大雪	二十丙戌　冬至
二月小丁酉	初五辛丑　小寒	二十丙辰　大寒
三月大丙寅	初七壬申　立春	廿二丁亥　雨水
四月小丙申	初七壬寅　驚蟄	廿二丁巳　春分
五月大乙丑	初九癸酉　清明	廿四戊子　穀雨
六月大乙未	初九癸卯　立夏	廿四戊午　小滿
七月小乙丑	初九癸酉　芒種	廿五己丑　夏至
八月大甲午	十一甲辰　小暑	廿六己未　大暑
九月小甲子	十一甲戌　立秋	廿七庚寅　處暑
十月大癸巳	十三乙巳　白露	廿八庚申　秋分
十一月小癸亥	十三乙亥　寒露	廿八庚寅　霜降
十二月大壬辰	十五丙午　立冬	三十辛酉　小雪
閏十二月小壬戌	十五丙子　大雪	
閏十二月朔大餘10，小餘206。大雪大餘24，小餘17。		

附：<u>陳立</u> <u>公羊義疏</u>引<u>包氏</u> <u>曆譜</u>

　　經：五月庚寅，<u>宋公</u>慈父卒。

　　<u>包氏</u> <u>慎言</u>云："五月書庚寅，月之二十六日。"

僖公二十四年

正月大辛卯	初一辛卯　冬至	十六丙午　小寒
二月小辛酉	初二壬戌　大寒	十七丁丑　立春
三月大庚寅	初三壬辰　雨水	十八丁未　驚蟄
四月小庚申	初四癸亥　春分	十九戊寅　清明
五月大己丑	初五癸巳　穀雨	二十戊申　立夏
六月小己未	初五癸亥　小滿	廿一己卯　芒種
七月大戊子	初七甲午　夏至	廿二己酉　小暑
八月小戊午	初七甲子　大暑	廿三庚辰　立秋
九月大丁亥	初九乙未　處暑	廿四庚戌　白露
十月大丁巳	初九乙丑　秋分	廿四庚辰　寒露
十一月小丁亥	初十丙申　霜降	廿五辛亥　立冬
十二月大丙辰	十一丙寅　小雪	廿六辛巳　大雪
十二月朔大餘4,小餘554。大雪大餘29,小餘25。		

僖公二十五年

正月小丙戌	十二丁酉　冬至	廿七壬子　小寒
二月大乙卯	十三丁卯　大寒	廿八壬午　立春
三月小乙酉	十三丁酉　雨水	廿九癸丑　驚蟄
四月大甲寅	十五戊辰　春分	三十癸未　清明
五月小甲申	十五戊戌　穀雨	
六月大癸丑	初一癸丑　立夏	十七己巳　小滿
七月小癸未	初二甲申　芒種	十七己亥　夏至
八月大壬子	初三甲寅　小暑	十八己巳　大暑
九月小壬午	初四乙酉　立秋	十九庚子　處暑
十月大辛亥	初五乙卯　白露	二十庚午　秋分
十一月小辛巳	初六丙戌　寒露	廿一辛丑　霜降
十二月大庚戌	初七丙辰　立冬	廿二辛未　小雪

十二月朔大餘58，小餘902。小雪大餘19，小餘26。

附：陳立公羊義疏引包氏曆譜

經：正月丙午，衛侯燬滅邢。

包氏慎言云："正月丙午，月之二十二日"。

經：四月癸酉，衛侯燬卒。

包氏慎言云："夏四月書癸酉，月之二十日。"

經：十二月癸亥，公會衛子、莒慶盟于洮。

包氏慎言云："十二月書癸亥，月之二十四日。"

僖公二十六年

正月大庚辰	初八丁亥　大雪	廿三壬寅　冬至
二月小庚戌	初八丁巳　小寒	廿三壬申　大寒
三月大己卯	初九丁亥　立春	廿五癸卯　雨水
四月小己酉	初十戊午　驚蟄	廿五癸酉　春分
五月大戊寅	十一戊子　清明	廿七甲辰　穀雨
六月小戊申	十二己未　立夏	廿七甲戌　小滿
七月大丁丑	十三己丑　芒種	廿八甲辰　夏至
八月小丁未	十四庚申　小暑	廿九乙亥　大暑
九月大丙子	十五庚寅　立秋	三十乙巳　處暑
閏九月小丙午	十五庚申　白露	
十月大乙亥	初二丙子　秋分	十七辛卯　寒露
十一月小乙巳	初二丙午　霜降	十七辛酉　立冬
十二月大甲戌	初四丁丑　小雪	十九壬辰　大雪
十二月朔大餘22，小餘809。大雪大餘40，小餘9。		

附：陳立公羊義疏引包氏曆譜

　　經：正月己未，公會莒子、衛甯遫盟于向。

　　包氏慎言云：“正月無己未，二月之十一日也。”

僖公二十七年

正月小甲辰	初四丁未　冬至	十九壬戌　小寒
二月大癸酉	初五丁丑　大寒	廿一癸巳　立春
三月小癸卯	初六戊申　雨水	廿一癸亥　驚蟄
四月大壬申	初七戊寅　春分	廿三甲午　清明
五月大壬寅	初八己酉　穀雨	廿三甲子　立夏
六月小壬申	初八己卯　小滿	廿三甲午　芒種
七月大辛丑	初十庚戌　夏至	廿五乙丑　小暑
八月小辛未	初十庚辰　大暑	廿五乙未　立秋
九月大庚子	十二辛亥　處暑	廿七丙寅　白露
十月小庚午	十二辛巳　秋分	廿七丙申　寒露
十一月大己亥	十三辛亥　霜降	廿九丁卯　立冬
十二月小己巳	十四壬午　小雪	廿九丁酉　大雪
十二月朔大餘 17，小餘 217。大雪大餘 45，小餘 17。		

附：陳立公羊義疏引包氏曆譜

　　經：六月庚寅，齊侯昭卒。秋八月乙未，葬齊孝公。乙巳，公子遂帥師入杞。

　　包氏慎言云："六月書庚寅，月之二十日，於曆，當爲十九日。""八月書乙未，月之二十六日。""八月無乙巳，九月之五日也。"

　　經：十有二月甲戌，公會諸侯盟于宋。

　　包氏慎言云："十二月書甲戌，月之七日。"

僖公二十八年

正月大戊戌	十五壬子　冬至	三十丁卯　小寒
二月小戊辰	十六癸未　大寒	
三月大丁酉	初二戊戌　立春	十七癸丑　雨水
四月小丁卯	初二戊辰　驚蟄	十八甲申　春分
五月大丙申	初四己亥　清明	十九甲寅　穀雨
六月小丙寅	初四己巳　立夏	十九甲申　小滿
七月大乙未	初六庚子　芒種	廿一乙卯　夏至
八月大乙丑	初六庚午　小暑	廿一乙酉　大暑
九月小乙未	初七辛丑　立秋	廿二丙辰　處暑
十月大甲子	初八辛未　白露	廿三丙戌　秋分
十一月小甲午	初八辛丑　寒露	廿四丁巳　霜降
十二月大癸亥	初十壬申　立冬	廿五丁亥　小雪
十二月朔大餘11，小餘565。小雪大餘35，小餘18。		

附：陳立公羊義疏引包氏曆譜

　　經：三月丙午，晉侯入曹。
　　包氏慎言云：“三月書丙午，月之十日。”

　　經：夏四月己巳，晉侯、齊師、宋師、秦師及楚人戰于城濮。
　　包氏慎言云：“夏四月書己巳，月之三日。”

　　經：五月癸丑，公會晉侯、齊侯、宋公、蔡侯、鄭伯、衛子、莒子盟于踐土。

包氏慎言云:"五月書癸丑,月之十八日。"

經:(冬)壬申,公朝于王所。
包氏慎言云:"無月,十月之九日也。"

僖公二十九年

正月小癸巳	初十壬寅　大雪	廿六戊午　冬至
二月大壬戌	十二癸酉　小寒	廿七戊子　大寒
三月小壬辰	十二癸卯　立春	廿七戊午　雨水
四月大辛酉	十四甲戌　驚蟄	廿九己丑　春分
五月小辛卯	十四甲辰　清明	廿九己未　穀雨
閏五月大庚申	十五甲戌　立夏	
六月小庚寅	初一庚寅　小滿	十六乙巳　芒種
七月大己未	初二庚申　夏至	十七乙亥　小暑
八月小己丑	初三辛卯　大暑	十八丙午　立秋
九月大戊午	初四辛酉　處暑	十九丙子　白露
十月小戊子	初四辛卯　秋分	二十丁未　寒露
十一月大丁巳	初六壬戌　霜降	廿一丁丑　立冬
十二月大丁亥	初六壬辰　小雪	廿二戊申　大雪

十二月朔大餘 35，小餘 472。大雪大餘 56，小餘 1。

僖公三十年

正月小丁巳	初七癸亥　冬至	廿六戊寅　小寒
二月大丙戌	初八癸巳　大寒	廿三戊申　立春
三月小丙辰	初九甲子　雨水	廿四己卯　驚蟄
四月大乙酉	初十甲午　春分	廿五己酉　清明
五月小乙卯	十一乙丑　穀雨	廿六庚辰　立夏
六月大甲申	十二乙未　小滿	廿七庚戌　芒種
七月小甲寅	十二乙丑　夏至	廿八辛巳　小暑
八月大癸未	十四丙申　大暑	廿九辛亥　立秋
九月小癸丑	十四丙寅　處暑	廿九辛巳　白露
十月大壬午	十六丁酉　秋分	
十一月小壬子	初一壬子　寒露	十六丁卯　霜降
十二月大辛巳	初二壬午　立冬	十八戊戌　小雪
十二月朔大餘 29，小餘 820。小雪大餘 46，小餘 2。		

僖公三十一年

正月小辛亥	初三癸丑　大雪	十八戊辰　冬至
二月大庚辰	初四癸未　小寒	十九戊戌　大寒
三月小庚戌	初五甲寅　立春	二十己巳　雨水
四月大己卯	初六甲申　驚蟄	廿一己亥　春分
五月大己酉	初七乙卯　清明	廿二庚午　穀雨
六月小己卯	初七乙酉　立夏	廿二庚子　小滿
七月大戊申	初八乙卯　芒種	廿四辛未　夏至
八月小戊寅	初九丙戌　小暑	廿四辛丑　大暑
九月大丁未	初十丙辰　立秋	廿六壬申　處暑
十月小丁丑	十一丁亥　白露	廿六壬寅　秋分
十一月大丙午	十二丁巳　寒露	廿七壬申　霜降
十二月小丙子	十三戊子　立冬	廿八癸卯　小雪
十二月朔大餘 24，小餘 228。小雪大餘 51，小餘 10。		

僖公三十二年

正月大乙巳	十四戊午　大雪	廿九癸酉　冬至
二月小乙亥	十四戊子　小寒	三十甲辰　大寒
閏二月大甲辰	十六己未　立春	
三月小甲戌	初一甲戌　雨水	十六己丑　驚蟄
四月大癸卯	初三乙巳　春分	十八庚申　清明
五月小癸酉	初三乙亥　穀雨	十八庚寅　立夏
六月大壬寅	初四乙巳　小滿	二十辛酉　芒種
七月大壬申	初五丙子　夏至	二十辛卯　小暑
八月小壬寅	初五丙午　大暑	廿一壬戌　立秋
九月大辛未	初七丁丑　處暑	廿二壬辰　白露
十月小辛丑	初七丁未　秋分	廿二壬戌　寒露
十一月大庚午	初九戊寅　霜降	廿四癸巳　立冬
十二月小庚子	初九戊申　小雪	廿四癸亥　大雪

十二月朔大餘48，小餘135。大雪大餘11，小餘25。

附：陳立公羊義疏引包氏曆譜

經：夏四月己丑，鄭伯接卒。

包氏慎言云："二月書己丑，二月有閏，此爲三月之十六日。經繫之四月，時蓋閏四月也。"

經："十有二月己卯，晉侯重耳卒。"

包氏慎言云："十二月無己卯，十一月之十日。"

僖公三十三年

正月大己巳	十一己卯　冬至	廿六甲午　小寒
二月小己亥	十一己酉　大寒	廿六甲子　立春
三月大戊辰	十二己卯　雨水	廿八乙未　驚蟄
四月小戊戌	十三庚戌　春分	廿八乙丑　清明
五月大丁卯	十四庚辰　穀雨	廿九乙未　立夏
六月小丁酉	十五辛亥　小滿	
七月大丙寅	初一丙寅　芒種	十六辛巳　夏至
八月小丙申	初一丙申　小暑	十七壬子　大暑
九月大乙丑	初三丁卯　立秋	十八壬午　處暑
十月小乙未	初三丁酉　白露	十八壬子　秋分
十一月大甲子	初五戊辰　寒露	二十癸未　霜降
十二月大甲午	初五戊戌　立冬	二十癸丑　小雪
十二月朔大餘 42，小餘 483。小雪大餘 1，小餘 26。		

附：陳立公羊義疏引包氏曆譜

經：四月辛巳，晉人及姜戎敗秦于殽。

包氏慎言云：“四月無辛巳，五月之十五日。前年不置閏，而移閏於此年之正月，則經之月日悉合。然如此，則前年四月後中氣悉不在其月，而此年歲首冬至又在閏月矣，于曆法多所抵牾。據殽之戰傳言晉侯稱人，以背殯用兵危不得葬貶，詐戰不日，此以盡敵而日。文公之卒在前年十二月，四月爲葬月，下書‘丁巳，葬晉文公’，月之二十一日，經月必無誤。前年十二月有己酉、己未、己巳，此年四月有辛丑、辛亥、辛酉，未知係何月之誤。"

　　經：（十有二月）乙巳，公薨于小寢。
　　包氏慎言云："十二月書乙巳，月之十三日。"

春秋公羊傳曆譜訂正五　文公

文公元年

正月小甲子	初六己巳　大雪	廿一甲申　冬至
二月大癸巳	初七己亥　小寒	廿二甲寅　大寒
三月小癸亥	初七己巳　立春	廿三乙酉　雨水
四月大壬辰	初九庚子　驚蟄	廿四乙卯　春分
五月小壬戌	初九庚午　清明	廿五丙戌　穀雨
六月大辛卯	十一辛丑　立夏	廿六丙辰　小滿
七月小辛酉	十一辛未　芒種	廿六丙戌　夏至
八月大庚寅	十三壬寅　小暑	廿八丁巳　大暑
九月小庚申	十三壬申　立秋	廿八丁亥　處暑
十月大己丑	十四壬寅　白露	三十戊午　秋分
閏十月小己未	十五癸酉　寒露	
十一月大戊子	初一戊子　霜降	十六癸卯　立冬
十二月小戊午	初二己未　小雪	十七甲戌　大雪
十二月朔大餘6,小餘390。大雪大餘22,小餘9。		

附：陳立 公羊義疏引包氏曆譜

　　經：四月丁巳,葬我君僖公。

119

包氏慎言云："四月書丁巳，月之二十六日。"

經：冬十月丁未，楚世子商臣弒其君髡。

包氏慎言云："冬十月書丁未，月之十九日。"

文公二年

正月大丁亥	初三己丑　冬至	十八甲辰　小寒
二月大丁巳	初三己未　大寒	十九乙亥　立春
三月小丁亥	初四庚寅　雨水	十九乙巳　驚蟄
四月大丙辰	初五庚申　春分	廿一丙子　清明
五月小丙戌	初六辛卯　穀雨	廿一丙午　立夏
六月大乙卯	初七辛酉　小滿	廿二丙子　芒種
七月小乙酉	初八壬辰　夏至	廿三丁未　小暑
八月大甲寅	初九壬戌　大暑	廿四丁丑　立秋
九月小甲申	初十癸巳　處暑	廿五戊申　白露
十月大癸丑	十一癸亥　秋分	廿六戊寅　寒露
十一月小癸未	十一癸巳　霜降	廿七己酉　立冬
十二月大壬子	十三甲子　小雪	廿八己卯　大雪
十二月朔大餘無，小餘738。大雪大餘27，小餘17。		

附：陳立公羊義疏引包氏曆譜

　　經：二月甲子，晉侯及秦師戰于彭衙。秦師敗績。丁丑，作僖公主。
　　包氏慎言云：“二月甲子，月之八日。”“丁丑，月之二十一日。”

　　經：三月乙巳，及晉處父盟。
　　包氏慎言云：“三月書乙巳，月之十九日也。”

　　經：八月丁卯，大事于太廟。
　　包氏慎言云：“八月書丁卯，月之十四日。”

文公三年

正月小壬午	十三甲午　冬至	廿八己酉　小寒
二月大辛亥	十五乙丑　大寒	三十庚辰　立春
三月小辛巳	十五乙未　雨水	
四月大庚戌	初一庚戌　驚蟄	十七丙寅　春分
五月小庚辰	初二辛巳　清明	十七丙申　穀雨
六月大己酉	初三辛亥　立夏	十八丙寅　小滿
七月大己卯	初四壬午　芒種	十九丁酉　夏至
八月小己酉	初四壬子　小暑	十九丁卯　大暑
九月大戊寅	初六癸未　立秋	廿一戊戌　處暑
十月小戊申	初六癸丑　白露	廿一戊辰　秋分
十一月大丁丑	初七癸未　寒露	廿三己亥　霜降
十二月小丁未	初八甲寅　立冬	廿三己巳　小雪
十二月朔大餘55，小餘146。小雪大餘17，小餘18。		

附：陳立公羊義疏引包氏曆譜

　　經：十有二月己巳，公及晉侯盟。

　　包氏慎言云：“十二月書己巳，月之二十三日。”

文公四年

正月大丙子	初九甲申　大雪	廿五庚子　冬至
二月小丙午	初十乙卯　小寒	廿五庚午　大寒
三月大乙亥	十一乙酉　立春	廿六庚子　雨水
四月小乙巳	十二丙辰　驚蟄	廿七辛未　春分
五月大甲戌	十三丙戌　清明	廿八辛丑　穀雨
六月小甲辰	十三丙辰　立夏	廿九壬申　小滿
七月大癸酉	十五丁亥　芒種	三十壬寅　夏至
閏七月小癸卯	十五丁巳　小暑	
八月大壬申	初二癸酉　大暑	十七戊子　立秋
九月小壬寅	初二癸卯　處暑	十七戊午　白露
十月大辛未	初三癸酉　秋分	十九己丑　寒露
十一月大辛丑	初四甲辰　霜降	十九己未　立冬
十二月小辛未	初四甲戌　小雪	二十庚寅　大雪
十二月朔大餘 19，小餘 53。大雪大餘 38，小餘 1。		

附：陳立公羊義疏引包氏曆譜

　　經：冬十有一月壬寅，夫人風氏薨。

　　包氏慎言云：“冬十一月壬寅，月之朔日。”

文公五年

正月大庚子	初六乙巳　冬至	廿一庚申　小寒
二月小庚午	初六乙亥　大寒	廿一庚寅　立春
三月大己亥	初八丙午　雨水	廿三辛酉　驚蟄
四月小己巳	初八丙子　春分	廿三辛卯　清明
五月大戊戌	初十丁未　穀雨	廿五壬戌　立夏
六月小戊辰	初十丁丑　小滿	廿五壬辰　芒種
七月大丁酉	十一丁未　夏至	廿七癸亥　小暑
八月小丁卯	十二戊寅　大暑	廿六癸巳　立秋
九月大丙申	十三戊申　處暑	十八癸亥　白露
十月小丙寅	十四己卯　秋分	廿九甲午　寒露
十一月大乙未	十五己酉　霜降	三十甲子　立冬
十二月小乙丑	十六庚辰　小雪	
十二月朔大餘13，小餘401。小雪大餘28，小餘2。		

附：陳立公羊義疏引包氏曆譜

　　經：三月辛亥，葬我小君成風。

　　包氏慎言云：“三月書辛亥，月之十二日。”

　　經：十月甲申，許男業卒。

　　包氏慎言云：“十月書甲申，月之十九日。”

文公六年

正月大甲午	初二乙未　大雪	十七庚戌　冬至
二月大甲子	初二乙丑　小寒	十七庚辰　大寒
三月小甲午	初三丙申　立春	十八辛亥　雨水
四月大癸亥	初四丙寅　驚蟄	十九辛巳　春分
五月小癸巳	初五丁酉　清明	二十壬子　穀雨
六月大壬戌	初六丁卯　立夏	廿一壬午　小滿
七月小壬辰	初六丁酉　芒種	廿二癸丑　夏至
八月大辛酉	初八戊辰　小暑	廿三癸未　大暑
九月小辛卯	初八戊戌　立秋	廿四甲寅　處暑
十月大庚申	初十己巳　白露	廿五甲申　秋分
十一月小庚寅	初十己亥　寒露	廿五甲寅　霜降
十二月大己未	十二庚午　立冬	廿七乙酉　小雪

十二月朔大餘7，小餘749。小雪大餘33，小餘10。

附：陳立 公羊義疏引包氏曆譜

經：八月乙亥，晉侯讙卒。

包氏慎言云：“八月書乙亥，月之十四日。”

經：閏月不告月，猶朝于廟。

包氏慎言云：“于曆，閏餘十七，不盈閏法，當在七年之四月，時曆於此年歲終置閏，故特書其失。傳云‘天無是月也’，言天之無此閏月，亦譏時史之謬，非僅謂閏月之不當告朔也。左傳釋文‘不告月，月或作朔，誤也’。”

文公七年

正月小己丑	十二庚子　大雪	廿七乙卯　冬至
二月大戊午	十三庚午　小寒	廿九丙戌　大寒
三月小戊子	十四辛丑　立春	廿九丙辰　雨水
閏三月大丁巳	十五辛未　驚蟄	
四月小丁亥	初一丁亥　春分	十六壬寅　清明
五月大丙辰	初二丁巳　穀雨	十七壬申　立夏
六月大丙戌	初二丁亥　小滿	十八癸卯　芒種
七月小丙辰	初三戊午　夏至	十八癸酉　小暑
八月大乙酉	初四戊子　大暑	二十甲辰　立秋
九月小乙卯	初五己未　處暑	二十甲戌　白露
十月大甲申	初六己丑　秋分	廿一甲辰　寒露
十一月小甲寅	初七庚申　霜降	廿二乙亥　立冬
十二月大癸未	初八庚寅　小雪	廿三乙巳　大雪
十二月朔大餘 31,小餘 656。大雪大餘 53,小餘 25。		

附：陳立公羊義疏引包氏曆譜

　　經：三月甲戌，取須朐。

　　包氏慎言云："三月書甲戌，月之十七日。於曆，當爲二月之十七日。曆官於上年置閏，故在三月。"

　　經：（四月）戊子，晉人及秦人戰于令狐。

　　包氏慎言云："戊子，四月之二日。於曆，爲閏四月二日。"

126

文公八年

正月小癸丑	初九辛酉　冬至	廿四丙子　小寒
二月大壬午	初十辛卯　大寒	廿五丙午　立春
三月小壬子	初十辛酉　雨水	廿六丁丑　驚蟄
四月大辛巳	十二壬辰　春分	廿七丁未　清明
五月小辛亥	十二壬戌　穀雨	廿七丁丑　立夏
六月大庚辰	十四癸巳　小滿	廿九戊申　芒種
七月小庚戌	十四癸亥　夏至	廿九戊寅　小暑
八月大己卯	十六甲午　大暑	
九月大己酉	初一己酉　立秋	十六甲子　處暑
十月小己卯	初一己卯　白露	十六甲午　秋分
十一月大戊申	初三庚戌　寒露	十八乙丑　霜降
十二月小戊寅	初三庚辰　立冬	十八乙未　小雪
十二月朔大餘26,小餘64。小雪大餘43,小餘26。		

附：陳立公羊義疏引包氏曆譜

經：八月戊申,天王崩。

包氏慎言云:"八月書戊申,月之三十日。"

經：冬十月,壬午,公子遂會晉趙盾盟于衡雍。乙酉,公子遂會伊雒戎盟于暴。公孫敖如京師,不至,復。丙戌,奔莒。

包氏慎言云:"十月書壬午,月之五日。""十月又書乙酉,月之八日。""十月又書丙戌,月之九日。"

文公九年

正月大丁未	初五辛亥　大雪	二十丙寅　冬至
二月小丁丑	初五辛巳　小寒	二十丙申　大寒
三月大丙午	初六辛亥　立春	廿二丁卯　雨水
四月小丙子	初七壬午　驚蟄	廿二丁酉　春分
五月大乙巳	初八壬子　清明	廿四戊辰　穀雨
六月小乙亥	初九癸未　立夏	廿四戊戌　小滿
七月大甲辰	初十癸丑　芒種	廿五戊辰　夏至
八月小甲戌	十一甲申　小暑	廿六己亥　大暑
九月大癸卯	十二甲寅　立秋	廿七己巳　處暑
十月小癸酉	十二甲申　白露	廿八庚子　秋分
十一月大壬寅	十四乙卯　寒露	廿九庚午　霜降
閏十一月小壬申	十四乙酉　立冬	
十二月大辛丑	初一辛丑　小雪	十六丙辰　大雪

十二月朔大餘49,小餘911。大雪大餘4,小餘9。

附：陳立公羊義疏引包氏曆譜

　　經：(二月)辛丑，葬襄王。

　　包氏慎言云："二月書辛丑，月之二十五日。"

　　經：九月癸酉，地震。

　　包氏慎言云："九月書癸酉，九月無癸酉，十月朔日也。或時曆官誤置閏，而此年閏在九月前，則癸酉即九月朔日矣。"

128

文公十年

正月大辛未	初一辛未　冬至	十六丙戌　小寒
二月小辛丑	初一辛丑　大寒	十七丁巳　立春
三月大庚午	初三壬申　雨水	十八丁亥　驚蟄
四月小庚子	初三壬寅　春分	十九戊午　清明
五月大己巳	初五癸酉　穀雨	二十戊子　立夏
六月小己亥	初五癸卯　小滿	二十戊午　芒種
七月大戊辰	初七甲戌　夏至	廿二己丑　小暑
八月小戊戌	初七甲辰　大暑	廿二己未　立秋
九月大丁卯	初九乙亥　處暑	廿四庚寅　白露
十月小丁酉	初九乙巳　秋分	廿四庚申　寒露
十一月大丙寅	初十乙亥　霜降	廿六辛卯　立冬
十二月小丙申	十一丙午　小雪	廿六辛酉　大雪
十二月朔大餘44，小餘319。大雪大餘9，小餘17。		

附：陳立公羊義疏引包氏曆譜

　　經：三月辛卯，臧孫辰卒。

　　包氏慎言云：“三月書辛卯，月之二十二日。”

文公十一年

正月大乙丑	十二丙子　冬至	廿七辛卯　小寒
二月小乙未	十三丁未　大寒	廿八壬戌　立春
三月大甲子	十四丁丑　雨水	廿九壬辰　驚蟄
四月小甲午	十五戊申　春分	
五月大癸亥	初一癸亥　清明	十六戊寅　穀雨
六月大癸巳	初一癸巳　立夏	十六戊申　小滿
七月小癸亥	初二甲子　芒種	十七己卯　夏至
八月大壬辰	初三甲午　小暑	十八己酉　大暑
九月小壬戌	初四乙丑　立秋	十九庚辰　處暑
十月大辛卯	初五乙未　白露	二十庚戌　秋分
十一月小辛酉	初五乙丑　寒露	廿一辛巳　霜降
十二月大庚寅	初七丙申　立冬	廿二辛亥　小雪
十二月朔大餘 38，小餘 667。小雪大餘 59，小餘 18。		

附：陳立公羊義疏引包氏曆譜

經：十月甲午，叔孫得臣敗狄于鹹。

包氏慎言云："十月書甲午，月之四日。"

文公十二年

正月小庚申	初七丙寅　大雪	廿三壬午　冬至
二月大己丑	初九丁酉　小寒	廿四壬子　大寒
三月小己未	初九丁卯　立春	廿四壬午　雨水
四月大戊子	十一戊戌　驚蟄	廿六癸丑　春分
五月小戊午	十一戊辰　清明	廿六癸未　穀雨
六月大丁亥	十二戊戌　立夏	廿八甲寅　小滿
七月小丁巳	十三己巳　芒種	廿八甲申　夏至
八月大丙戌	十四己亥　小暑	三十乙卯　大暑
九月大丙辰	十五庚午　立秋	三十乙酉　處暑
閏九月小丙戌	十五庚子　白露	
十月大乙卯	初一乙卯　秋分	十七辛未　寒露
十一月小乙酉	初二丙戌　霜降	十七辛丑　立冬
十二月大甲寅	初三丙辰　小雪	十九壬申　大雪
十二月朔大餘2，小餘574。大雪大餘20，小餘1。		

附：陳立公羊義疏引包氏曆譜

　　經：二月庚子，子叔姬卒。

　　　包氏慎言云：“二月書庚子，月之十二日。”

　　經：十有二月戊午，晉人、秦人戰于河曲。

　　　包氏慎言云：“十二月書戊午，月之六日。”

文公十三年

正月小甲申	初四丁亥　冬至	十九壬寅　小寒
二月大癸丑	初五丁巳　大寒	二十壬申　立春
三月小癸未	初六戊子　雨水	廿一癸卯　驚蟄
四月大壬子	初七戊午　春分	廿二癸酉　清明
五月小壬午	初八己丑　穀雨	廿三甲辰　立夏
六月大辛亥	初九己未　小滿	廿四甲戌　芒種
七月小辛巳	初九己丑　夏至	廿五乙巳　小暑
八月大庚戌	十一庚申　大暑	廿六乙亥　立秋
九月小庚辰	十一庚寅　處暑	廿六乙巳　白露
十月大己酉	十三辛酉　秋分	廿八丙子　寒露
十一月小己卯	十三辛卯　霜降	廿八丙午　立冬
十二月大戊申	十五壬戌　小雪	三十丁丑　大雪

十二月朔大餘 56，小餘 922。大雪大餘 25，小餘 9。

附：陳立 公羊義疏引包氏曆譜

　　經：五月壬午，陳侯朔卒。

　　包氏慎言云：“五月書壬午，月之二日。”

　　經：十有二月己丑，公及晉侯盟。

　　包氏慎言云：“十二月書己丑，十二月無己丑，十一月之十二日也。然十四年始書‘公至自晉’，盟後即書‘公還自晉，鄭伯會公于斐’，則經月不得有誤。己丑或乙丑之誤爾。”

文公十四年

正月大戊寅	十五壬辰　冬至	三十丁未　小寒
二月小戊申	十五壬戌　大寒	
三月大丁丑	初二戊寅　立春	十七癸巳　雨水
四月小丁未	初二戊申　驚蟄	十七癸亥　春分
五月大丙子	初四己卯　清明	十九甲午　穀雨
六月小丙午	初四己酉　立夏	十九甲子　小滿
七月大乙亥	初五己卯　芒種	廿一乙未　夏至
八月小乙巳	初六庚戌　小暑	廿一乙丑　大暑
九月大甲戌	初七庚辰　立秋	廿三丙申　處暑
十月小甲辰	初八辛亥　白露	廿三丙寅　秋分
十一月大癸酉	初九辛巳　寒露	廿四丙申　霜降
十二月小癸卯	初十壬子　立冬	廿五丁卯　小雪
十二月朔大餘51，小餘330。小雪大餘15，小餘10。		

附：陳立公羊義疏引包氏曆譜

經：五月乙亥，齊侯潘卒。

包氏慎言云：“五月書乙亥，月之朔日。”

經：九月甲申，公孫敖卒于齊。

包氏慎言云：“九月書甲申，月之十二日。”

文公十五年

正月大壬申	十一壬午　大雪	廿六丁酉　冬至
二月小壬寅	十一壬子　小寒	廿七戊辰　大寒
三月大辛未	十三癸未　立春	廿八戊戌　雨水
四月大辛丑	十三癸丑　驚蟄	廿九己巳　春分
五月小辛未	十四甲申　清明	廿九己亥　穀雨
六月大庚子	十五甲寅　立夏	三十己巳　小滿
閏六月小庚午	十六乙酉　芒種	
七月大己亥	初二庚子　夏至	十七乙卯　小暑
八月小己巳	初二庚午　大暑	十八丙戌　立秋
九月大戊戌	初四辛丑　處暑	十九丙辰　白露
十月小戊辰	初四辛未　秋分	十九丙戌　寒露
十一月大丁酉	初六壬寅　霜降	廿一丁巳　立冬
十二月小丁卯	初六壬申　小雪	廿一丁亥　大雪
十二月朔大餘15，小餘237。大雪大餘35，小餘25。		

附：<u>陳立</u><u>公羊義疏</u>引<u>包氏</u><u>曆譜</u>

　　經：六月辛丑朔，日有食之。……戊申，入<u>蔡</u>。

　　<u>包氏</u><u>慎言</u>云：“六月書‘辛丑朔，日有食之’，据曆，辛丑，六月之二日，非朔也。六月又書戊申，月之九日也。”

文公十六年

正月大丙申	初八癸卯　冬至	廿三戊午　小寒
二月小丙寅	初八癸酉　大寒	廿三戊子　立春
三月大乙未	初九癸卯　雨水	廿五己未　驚蟄
四月小乙丑	初十甲戌　春分	廿五己丑　清明
五月大甲午	十一甲辰　穀雨	廿六己未　立夏
六月小甲子	十二乙亥　小滿	廿七庚寅　芒種
七月大癸巳	十三乙巳　夏至	廿八庚申　小暑
八月大癸亥	十四丙子　大暑	廿九辛卯　立秋
九月小癸巳	十四丙午　處暑	廿九辛酉　白露
十月大壬戌	十五丙子　秋分	
十一月小壬辰	初一壬辰　寒露	十六丁未　霜降
十二月大辛酉	初二壬戌　立冬	十七丁丑　小雪
十二月朔大餘 9，小餘 585。小雪大餘 25，小餘 26。		

附：陳立公羊義疏引包氏曆譜

　　經：六月戊辰，公子遂及齊侯盟于犀丘。

　　包氏慎言云：“六月書戊辰，月之六日。”

　　經：八月辛未，夫人姜氏薨。

　　包氏慎言云：“八月書辛未，月之十日。”

文公十七年

正月小辛卯	初三癸巳　大雪	十八戊申　冬至
二月大庚申	初四癸亥　小寒	十九戊寅　大寒
三月小庚寅	初四癸巳　立春	二十己酉　雨水
四月大己未	初六甲子　驚蟄	廿一己卯　春分
五月小己丑	初六甲午　清明	廿二庚戌　穀雨
六月大戊午	初八乙丑　立夏	廿三庚辰　小滿
七月小戊子	初八乙未　芒種	廿三庚戌　夏至
八月大丁巳	初十丙寅　小暑	廿五辛巳　大暑
九月小丁亥	初十丙申　立秋	廿五辛亥　處暑
十月大丙辰	十一丙寅　白露	廿七壬午　秋分
十一月小丙戌	十二丁酉　寒露	廿七壬子　霜降
十二月大乙卯	十三丁卯　立冬	廿九癸未　小雪
十二月朔大餘 3，小餘 933。小雪大餘 31，小餘 2。		

附：陳立公羊義疏引包氏曆譜

　　經：四月癸亥，葬我小君聖姜。

　　包氏慎言云：“四月書癸亥，月之五日。”

　　經：六月癸未，公及齊侯盟于穀。

　　包氏慎言云：“六月書癸未，月之二十六日。”

文公十八年

正月大乙酉	十四戊戌　大雪	廿九癸丑　冬至
二月小乙卯	十四戊辰　小寒	廿九癸未　大寒
閏二月大甲申	十六己亥　立春	
三月小甲寅	初一甲寅　雨水	十六己巳　驚蟄
四月大癸未	初二甲申　春分	十八庚子　清明
五月小癸丑	初三乙卯　穀雨	十八庚午　立夏
六月大壬午	初四乙酉　小滿	十九庚子　芒種
七月小壬子	初五丙辰　夏至	二十辛未　小暑
八月大辛巳	初六丙戌　大暑	廿一辛丑　立秋
九月小辛亥	初七丁巳　處暑	廿二壬申　白露
十月大庚辰	初八丁亥　秋分	廿三壬寅　寒露
十一月小庚戌	初八丁巳　霜降	廿四癸酉　立冬
十二月大己卯	初十戊子　小雪	廿五癸卯　大雪
十二月朔大餘 27,小餘 840。大雪大餘 51,小餘 17。		

附：陳立公羊義疏引包氏曆譜

　　經：二月丁丑,公薨于臺下。

　　包氏慎言云：“二月書丁丑,月之二十四日。”

　　經：五月戊戌,齊人弒其君商人。六月癸酉,葬我君文公。

　　包氏慎言云：“五月書戊戌,月之十六日。”“六月書癸酉,月之
二十二日。”

春秋公羊傳曆譜訂正六　宣公

宣公元年

正月小己酉	初十戊午　冬至	廿五癸酉　小寒
二月大戊寅	十二己丑　大寒	廿七甲辰　立春
三月大戊申	十二己未　雨水	廿七甲戌　驚蟄
四月小戊寅	十三庚寅　春分	廿八乙巳　清明
五月大丁未	十四庚申　穀雨	廿九乙亥　立夏
六月小丁丑	十四庚寅　小滿	
七月大丙午	初一丙午　芒種	十六辛酉　夏至
八月小丙子	初一丙子　小暑	十六辛卯　大暑
九月大乙巳	初三丁未　立秋	十八壬戌　處暑
十月小乙亥	初三丁丑　白露	十八壬辰　秋分
十一月大甲辰	初四丁未　寒露	二十癸亥　霜降
十二月小甲戌	初五戊寅　立冬	二十癸巳　小雪
十二月朔大餘22，小餘248。小雪大餘41，小餘18。		

138

宣公二年

正月大癸卯	初六戊申　大雪	廿二甲子　冬至
二月小癸酉	初七己卯　小寒	廿二甲午　大寒
三月大壬寅	初八己酉　立春	廿三甲子　雨水
四月小壬申	初九庚辰　驚蟄	廿四乙未　春分
五月大辛丑	初十庚戌　清明	廿五乙丑　穀雨
六月小辛未	初十庚辰　立夏	廿六丙申　小滿
七月大庚子	十二辛亥　芒種	廿七丙寅　夏至
八月大庚午	十二辛巳　小暑	廿八丁酉　大暑
九月小庚子	十三壬子　立秋	廿八丁卯　處暑
十月大己巳	十四壬午　白露	廿九丁酉　秋分
閏十月小己亥	十五癸丑　寒露	
十一月大戊辰	初一戊辰　霜降	十六癸未　立冬
十二月小戊戌	初一戊戌　小雪	十七甲寅　大雪
十二月朔大餘 46，小餘 155。大雪大餘 2，小餘 1。		

附：陳立公羊義疏引包氏曆譜

　　經：二月壬子，宋華元帥師，及鄭公子歸生帥師戰于大棘。

　　包氏慎言云：“二月書壬子，二月無壬子，正月之十一日也。”

　　經：秋九月乙丑，晉趙盾弒其君獳。冬十月乙亥，天王崩。

　　包氏慎言云：“九月書乙丑，月之二十八日。”“十月書乙亥，月之八日。”

宣公三年

正月大丁卯	初三己巳　冬至	十八甲申　小寒
二月小丁酉	初三己亥　大寒	十八甲寅　立春
三月大丙寅	初五庚午　雨水	二十乙酉　驚蟄
四月小丙申	初五庚子　春分	二十乙卯　清明
五月大乙丑	初七辛未　穀雨	廿二丙戌　立夏
六月小乙未	初七辛丑　小滿	廿二丙辰　芒種
七月大甲子	初八辛未　夏至	廿四丁亥　小暑
八月小甲午	初九壬寅　大暑	廿四丁巳　立秋
九月大癸亥	初十壬申　處暑	廿五丁亥　白露
十月大癸巳	十一癸卯　秋分	廿六戊午　寒露
十一月小癸亥	十一癸酉　霜降	廿六戊子　立冬
十二月大壬辰	十三甲辰　小雪	廿八己未　大雪
十二月朔大餘 40，小餘 503。大雪大餘 7，小餘 9。		

附：<u>陳立</u> <u>公羊義疏</u>引<u>包氏</u> <u>曆譜</u>

　　經：十月丙戌，鄭伯<u>蘭</u>卒。

　　<u>包氏</u> <u>慎言</u>云：“十月無丙戌，九月之二十五日，十一月之二十六日。”

宣公四年

正月小壬戌	十三甲戌　冬至	廿八己丑　小寒
二月大辛卯	十四甲辰　大寒	三十庚申　立春
三月小辛酉	十五乙亥　雨水	
四月大庚寅	初一庚寅　驚蟄	十六乙巳　春分
五月小庚申	初二辛酉　清明	十七丙子　穀雨
六月大己丑	初三辛卯　立夏	十八丙午　小滿
七月小己未	初三辛酉　芒種	十九丁丑　夏至
八月大戊子	初五壬辰　小暑	十九丁未　大暑
九月小戊午	初五壬戌　立秋	廿一戊寅　處暑
十月大丁亥	初七癸巳　白露	廿二戊申　秋分
十一月小丁巳	初七癸亥　寒露	廿二戊寅　霜降
十二月大丙戌	初九甲午　立冬	廿四己酉　小雪
十二月朔大餘34，小餘851。小雪大餘57，小餘10。		

附：<u>陳立</u> <u>公羊義疏</u> 引<u>包氏</u> <u>曆譜</u>

　　經：六月乙酉，<u>鄭</u>公子歸生弒其君<u>夷</u>。

　　<u>包氏</u> <u>慎言</u>云：“六月無乙酉，五月之二十八日也。”

宣公五年

正月小丙辰	初九甲子　大雪	廿四己卯　冬至
二月大乙酉	初十甲午　小寒	廿六庚戌　大寒
三月大乙卯	十一乙丑　立春	廿六庚辰　雨水
四月小乙酉	十一乙未　驚蟄	廿七辛亥　春分
五月大甲寅	十三丙寅　清明	廿八辛巳　穀雨
六月小甲申	十三丙申　立夏	廿八辛亥　小滿
七月大癸丑	十五丁卯　芒種	三十壬午　夏至
閏七月小癸未	十五丁酉　小暑	
八月大壬子	初一壬子　大暑	十七戊辰　立秋
九月小壬午	初二癸未　處暑	十七戊戌　白露
十月大辛亥	初三癸丑　秋分	十八戊辰　寒露
十一月小辛巳	初四甲申　霜降	十九己亥　立冬
十二月大庚戌	初五甲寅　小雪	二十己巳　大雪
十二月朔大餘 29，小餘 259。大雪大餘 17，小餘 25。		

宣公六年

正月小庚辰	初六乙酉　冬至	廿一庚子　小寒
二月大己酉	初七乙卯　大寒	廿二庚午　立春
三月小己卯	初七乙酉　雨水	廿三辛丑　驚蟄
四月大戊申	初九丙辰　春分	廿四辛未　清明
五月小戊寅	初九丙戌　穀雨	廿四辛丑　立夏
六月大丁未	十一丁巳　小滿	廿六壬申　芒種
七月大丁丑	十一丁亥　夏至	廿六壬寅　小暑
八月小丁未	十二戊午　大暑	廿七癸酉　立秋
九月大丙子	十三戊子　處暑	廿八癸卯　白露
十月小丙午	十三戊午　秋分	廿九甲戌　寒露
十一月大乙亥	十五己丑　霜降	三十甲辰　立冬
十二月小乙巳	十五己未　小雪	
十二月朔大餘 53，小餘 166。小雪大餘 7，小餘 26。		

宣公七年

正月大甲戌	初二乙亥　大雪	十七庚寅　冬至
二月小甲辰	初二乙巳　小寒	十七庚申　大寒
三月大癸酉	初三乙亥　立春	十九辛卯　雨水
四月小癸卯	初四丙午　驚蟄	十九辛酉　春分
五月大壬申	初五丙子　清明	廿一壬辰　穀雨
六月小壬寅	初六丁未　立夏	廿一壬戌　小滿
七月大辛未	初七丁丑　芒種	廿二壬辰　夏至
八月小辛丑	初八戊申　小暑	廿三癸亥　大暑
九月大庚午	初九戊寅　立秋	廿四癸巳　處暑
十月大庚子	初九戊申　白露	廿五甲子　秋分
十一月小庚午	初十己卯　寒露	廿五甲午　霜降
十二月大己亥	十一己酉　立冬	廿七乙丑　小雪
十二月朔大餘 47，小餘 514。小雪大餘 13，小餘 2。		

144

宣公八年

正月小己巳	十二庚辰　大雪	廿七乙未　冬至
二月大戊戌	十三庚戌　小寒	廿八乙丑　大寒
三月小戊辰	十四辛巳　立春	廿九丙申　雨水
四月大丁酉	十五辛亥　驚蟄	三十丙寅　春分
閏四月小丁卯	十六壬午　清明	
五月大丙申	初二丁酉　穀雨	十七壬子　立夏
六月小丙寅	初二丁卯　小滿	十七壬午　芒種
七月大乙未	初四戊戌　夏至	十九癸丑　小暑
八月小乙丑	初四戊辰　大暑	十九癸未　立秋
九月大甲午	初六己亥　處暑	廿一甲寅　白露
十月小甲子	初六己巳　秋分	廿一甲申　寒露
十一月大癸巳	初七己亥　霜降	廿三乙卯　立冬
十二月小癸亥	初八庚午　小雪	廿三乙酉　大雪
十二月朔大餘 11，小餘 421。大雪大餘 33，小餘 17。		

附：陳立公羊義疏引包氏曆譜

　　經：（六月）辛巳，有事于太廟。……壬午，猶繹，萬入去籥。

　　包氏慎言云：“六月書辛巳，月之十八日。下壬午，月之十九日。”

　　經：（六月）戊子，夫人熊氏薨。

　　包氏慎言云：“六月書戊子，月之二十五日。”

經：七月甲子，日有食之，既。

包氏慎言云：“七月無甲子，六月有甲午，若閏不在四月，則七月為甲子朔，然六月又無辛巳等日矣。劉歆以為十月二日，据曆，八月二日亦為甲子，或經月有誤。姜岌云：‘十月甲子朔，食。’大衍同。沈氏欽韓以今曆推之，是歲十月甲子朔，加時在晝，食九分八十一秒，蓋十誤為七。”

經：十月己丑，葬我小君頃熊。

包氏慎言云：“十月書己丑，月之二十八日。”

宣公九年

正月大壬辰	初九庚子　冬至	廿四乙卯　小寒
二月大壬戌	初十辛未　大寒	廿五丙戌　立春
三月小壬辰	初十辛丑　雨水	廿五丙辰　驚蟄
四月大辛酉	十二壬申　春分	廿七丁亥　清明
五月小辛卯	十二壬寅　穀雨	廿七丁巳　立夏
六月大庚申	十三壬申　小滿	廿九戊子　芒種
七月小庚寅	十四癸卯　夏至	廿九戊午　小暑
八月大己未	十五癸酉　大暑	
九月小己丑	初一己丑　立秋	十六甲辰　處暑
十月大戊午	初二己未　白露	十七甲戌　秋分
十一月小戊子	初二己丑　寒露	十八乙巳　霜降
十二月大丁巳	初四庚申　立冬	十九乙亥　小雪
十二月朔大餘5，小餘769。小雪大餘23，小餘18。		

附：陳立公羊義疏引包氏曆譜

　　經：（九月）辛酉，晉侯黑臀卒于扈。

　　包氏慎言云：“九月書辛酉，九月無辛酉，十月之八日，八月之七日也。杜亦以九月無辛酉。”

　　經：十月癸酉，衛侯鄭卒。

　　包氏慎言云：“十月書癸酉，月之十六日。辛酉乃癸酉之前十二日，十月之癸酉不誤，即九月之辛酉其誤審矣。”

宣公十年

正月小丁亥	初四庚寅　大雪	二十丙午　冬至
二月大丙辰	初六辛酉　小寒	廿一丙子　大寒
三月小丙戌	初六辛卯　立春	廿一丙午　雨水
四月大乙卯	初八壬戌　驚蟄	廿三丁丑　春分
五月大乙酉	初八壬辰　清明	廿三丁未　穀雨
六月小乙卯	初八壬戌　立夏	廿四戊寅　小滿
七月大甲申	初十癸巳　芒種	廿五戊申　夏至
八月小甲寅	初十癸亥　小暑	廿六己卯　大暑
九月大癸未	十二甲午　立秋	廿七己酉　處暑
十月小癸丑	十二甲子　白露	廿七己卯　秋分
十一月大壬午	十四乙未　寒露	廿九庚戌　霜降
十二月小壬子	十四乙丑　立冬	廿九庚辰　小雪

閏十二月朔大餘29，小餘676。大雪大餘44，小餘1。

附：<u>陳立公羊義疏</u>引<u>包氏</u>曆譜

經：四月丙辰，日有食之。

<u>包氏</u>慎言云："四月書丙辰，据曆，爲月之三日。<u>賈</u>、<u>服</u>解經日食有在三日者，此類是也。<u>賈</u>氏精於四分法，定非臆造。<u>劉歆</u>以爲二月二日朔，亦同。"

經：（四月）己巳，齊侯元卒。

包氏慎言云:"四月又書己巳,月之十六日。"

經:"癸巳,陳夏徵舒弒其君平國。"
包氏慎言云:"五月書癸巳,月之十日。"

宣公十一年

正月小辛亥	初一辛亥　冬至	十六丙寅　小寒
二月大庚辰	初二辛巳　大寒	十七丙申　立春
三月小庚戌	初三壬子　雨水	十八丁卯　驚蟄
四月大己卯	初四壬午　春分	十九丁酉　清明
五月小己酉	初五癸丑　穀雨	二十戊辰　立夏
六月大戊寅	初六癸未　小滿	廿一戊戌　芒種
七月小戊申	初六癸丑　夏至	廿二己巳　小暑
八月大丁丑	初八甲申　大暑	廿三己亥　立秋
九月大丁未	初八甲寅　處暑	廿三己巳　白露
十月小丁丑	初九乙酉　秋分	廿四庚子　寒露
十一月大丙午	初十乙卯　霜降	廿五庚午　立冬
十二月小丙子	十一丙戌　小雪	廿六辛丑　大雪
十二月朔大餘24，小餘84。大雪大餘49，小餘9。		

附：陳立 公羊義疏引包氏 曆譜

　　經：(十月)丁亥，楚子入陳。

　　包氏慎言云："十月書丁亥，月之三日。"

宣公十二年

正月大乙巳	十二丙辰　冬至	廿七辛未　小寒
二月小乙亥	十二丙戌　大寒	廿八壬寅　立春
三月大甲辰	十四丁巳　雨水	廿九壬申　驚蟄
四月小甲戌	十四丁亥　春分	
五月大癸卯	初一癸卯　清明	十六戊午　穀雨
六月小癸酉	初一癸酉　立夏	十六戊子　小滿
七月大壬寅	初二癸卯　芒種	十八己未　夏至
八月小壬申	初三甲戌　小暑	十八己丑　大暑
九月大辛丑	初四甲辰　立秋	二十庚申　處暑
十月小辛未	初五乙亥　白露	二十庚寅　秋分
十一月大庚子	初六乙巳　寒露	廿一庚申　霜降
十二月小庚午	初七丙子　立冬	廿二辛卯　小雪
十二月朔大餘 18，小餘 432。小雪大餘 39，小餘 10。		

附：陳立公羊義疏引包氏曆譜

經：六月乙卯，晉荀林父帥師及楚子戰于邲。

包氏慎言云：“六月書乙卯，六月無乙卯，五月之十四日也。”

經：十有二月戊寅，楚子滅蕭。

包氏慎言云：“十二月書戊寅，月之十日。”

宣公十三年

正月大己亥	初八丙午　大雪	廿三辛酉　冬至
二月大己巳	初八丙子　小寒	廿四壬辰　大寒
三月小己亥	初九丁未　立春	廿四壬戌　雨水
四月大戊辰	初十丁丑　驚蟄	廿六癸巳　春分
五月小戊戌	十一戊申　清明	廿六癸亥　穀雨
六月大丁卯	十二戊寅　立夏	廿七癸巳　小滿
七月小丁酉	十三己酉　芒種	廿八甲子　夏至
八月大丙寅	十四己卯　小暑	廿九甲午　大暑
閏八月小丙申	十五庚戌　立秋	
九月大乙丑	初一乙丑　處暑	十六庚辰　白露
十月小乙未	初一乙未　秋分	十六庚戌　寒露
十一月大甲子	初三丙寅　霜降	十八辛巳　立冬
十二月小甲午	初三丙申　小雪	十八辛亥　大雪
十二月朔大餘 42，小餘 339。大雪大餘 59，小餘 25。		

宣公十四年

正月大癸亥	初五丁卯　冬至	二十壬午　小寒
二月小癸巳	初五丁酉　大寒	二十壬子　立春
三月大壬戌	初六丁卯　雨水	廿二癸未　驚蟄
四月大壬辰	初七戊戌　春分	廿二癸丑　清明
五月小壬戌	初七戊辰　穀雨	廿二癸未　立夏
六月大辛卯	初九己亥　小滿	廿四甲寅　芒種
七月小辛酉	初九己巳　夏至	廿四甲申　小暑
八月大庚寅	十一庚子　大暑	廿六乙卯　立秋
九月小庚申	十一庚午　處暑	廿六乙酉　白露
十月大己丑	十二庚子　秋分	廿八丙辰　寒露
十一月小己未	十三辛未　霜降	廿八丙戌　立冬
十二月大戊子	十四辛丑　小雪	三十丁巳　大雪

十二月朔大餘 36，小餘 687。大雪大餘 5，小餘 1。

附：陳立公羊義疏引包氏曆譜

經：五月壬申，曹伯壽卒。

包氏慎言云：“五月書壬申，月之十三日。”

宣公十五年

正月小戊午	十五壬申　冬至	
二月大丁亥	初一丁亥　小寒	十六壬寅　大寒
三月小丁巳	初一丁巳　立春	十七癸酉　雨水
四月大丙戌	初三戊子　驚蟄	十八癸卯　春分
五月小丙辰	初三戊午　清明	十九甲戌　穀雨
六月大乙酉	初五己丑　立夏	二十甲辰　小滿
七月小乙卯	初五己未　芒種	二十甲戌　夏至
八月大甲申	初七庚寅　小暑	廿二乙巳　大暑
九月大甲寅	初七庚申　立秋	廿二乙亥　處暑
十月小甲申	初七庚寅　白露	廿三丙午　秋分
十一月大癸丑	初九辛酉　寒露	廿五丙子　霜降
十二月小癸未	初九辛卯　立冬	廿五丁未　小雪
十二月朔大餘 31，小餘 95。小雪大餘 55，小餘 2。		

附：陳立公羊義疏引包氏曆譜

經：六月癸卯，晉師滅赤狄潞氏。

包氏慎言云：“六月書癸卯，月之二十一日。”

宣公十六年

正月大壬子	十一壬戌　大雪	廿六丁丑　冬至
二月小壬午	十一壬辰　小寒	廿六丁未　大寒
三月大辛亥	十三癸亥　立春	廿八戊寅　雨水
四月小辛巳	十三癸巳　驚蟄	廿八戊申　春分
五月大庚戌	十五甲子　清明	三十己卯　穀雨
閏五月小庚辰	十五甲午　立夏	
六月大己酉	初一己酉　小滿	十六甲子　芒種
七月小己卯	初二庚辰　夏至	十七乙未　小暑
八月大戊申	初三庚戌　大暑	十八乙丑　立秋
九月小戊寅	初四辛巳　處暑	十九丙申　白露
十月大丁未	初五辛亥　秋分	二十丙寅　寒露
十一月大丁丑	初五辛巳　霜降	廿一丁酉　立冬
十二月小丁未	初六壬子　小雪	廿一丁卯　大雪
十二月朔大餘55,小餘2。大雪大餘15,小餘17。		

宣公十七年

正月大丙子	初七壬午　冬至	廿二丁酉　小寒
二月小丙午	初八癸丑　大寒	廿三戊辰　立春
三月大乙亥	初九癸未　雨水	廿四戊戌　驚蟄
四月小乙巳	初十甲寅　春分	廿五己巳　清明
五月大甲戌	十一甲申　穀雨	廿六己亥　立夏
六月小甲辰	十一甲寅　小滿	廿七庚午　芒種
七月大癸酉	十三乙酉　夏至	廿八庚子　小暑
八月小癸卯	十三乙卯　大暑	廿九辛未　立秋
九月大壬申	十五丙戌　處暑	三十辛丑　白露
十月小壬寅	十五丙辰　秋分	
十一月大辛未	初一辛未　寒露	十七丁亥　霜降
十二月小辛丑	初二壬寅　立冬	十七丁巳　小雪
十二月朔大餘49,小餘350。小雪大餘5,小餘18。		

附：陳立公羊義疏引包氏曆譜

　　經：正月庚子，許男錫我卒。丁未，蔡侯申卒。

　　包氏慎言云：“正月書庚子，月之二十六日也。”“正月無丁未，二月之四日也。”

　　經：六月癸卯，日有食之。己未，公會晉侯、衛侯、曹伯、邾婁子，同盟于斷道。

　　包氏慎言云：“六月書癸卯，月之二日。劉歆以爲三月晦朓。元志姜岌以六月甲辰朔，不應食。大衍是年五月在交限，六月甲辰朔交分已過食限,蓋誤。以今曆推之,是歲五月乙亥朔入食限,六月甲辰朔入交,已過食限,大衍是。""六月書己未,月之十八日。"

經：十有一月壬午,公弟叔肸卒。

包氏慎言云:"十一月書壬午,月之十三日。"

宣公十八年

正月大庚午	初三壬申　大雪	十九戊子　冬至
二月小庚子	初四癸卯　小寒	十九戊午　大寒
三月大己巳	初五癸酉　立春	二十戊子　雨水
四月大己亥	初六甲辰　驚蟄	廿一己未　春分
五月小己巳	初六甲戌　清明	廿一己丑　穀雨
六月大戊戌	初七甲辰　立夏	廿三庚申　小滿
七月小戊辰	初八乙亥　芒種	廿三庚寅　夏至
八月大丁酉	初九乙巳　小暑	廿五辛酉　大暑
九月小丁卯	初十丙子　立秋	廿五辛卯　處暑
十月大丙申	十一丙午　白露	廿六辛酉　秋分
十一月小丙寅	十二丁丑　寒露	廿七壬辰　霜降
十二月大乙未	十三丁未　立冬	廿八壬戌　小雪
十二月朔大餘43，小餘698。小雪大餘10，小餘26。		

附：陳立公羊義疏引包氏曆譜

　　經：(七月)甲戌，楚子旅卒。

　　包氏慎言云：“七月書甲戌，月之九日。”

　　經：十月壬戌，公薨于路寢。

　　包氏慎言云：“十月書壬戌，月之二十八日。”

春秋公羊傳曆譜訂正七　成公

成公元年

正月小乙丑	十四戊寅　大雪	廿九癸巳　冬至
二月大甲午	十五戊申　小寒	三十癸亥　大寒
閏二月小甲子	十五戊寅　立春	
三月大癸巳	初二甲午　雨水	十七己酉　驚蟄
四月小癸亥	初二甲子　春分	十七己卯　清明
五月大壬辰	初四乙未　穀雨	十九庚戌　立夏
六月小壬戌	初四乙丑　小滿	十九庚辰　芒種
七月大辛卯	初五乙未　夏至	廿一辛亥　小暑
八月大辛酉	初六丙寅　大暑	廿一辛巳　立秋
九月小辛卯	初六丙申　處暑	廿一辛亥　白露
十月大庚申	初八丁卯　秋分	廿三壬午　寒露
十一月小庚寅	初八丁酉　霜降	廿三壬子　立冬
十二月大己未	初十戊辰　小雪	廿五癸未　大雪
十二月朔大餘 7，小餘 605。大雪大餘 31，小餘 9。		

附：陳立公羊義疏引包氏曆譜

　　經：二月辛酉，葬我君宣公。

　　包氏慎言云：“二月書辛酉，月之二十九日。”

成公二年

正月小己丑	初十戊戌　冬至	廿五癸丑　小寒
二月大戊午	十一戊辰　大寒	廿七甲申　立春
三月小戊子	十二己亥　雨水	廿七甲寅　驚蟄
四月大丁巳	十三己巳　春分	廿九乙酉　清明
五月小丁亥	十四庚子　穀雨	廿九乙卯　立夏
六月大丙辰	十五庚午　小滿	三十乙酉　芒種
七月小丙戌	十六辛丑　夏至	
八月大乙卯	初二丙辰　小暑	十七辛未　大暑
九月小乙酉	初二丙戌　立秋	十八壬寅　處暑
十月大甲寅	初四丁巳　白露	十九壬申　秋分
十一月大甲申	初四丁亥　寒露	十九壬寅　霜降
十二月小甲寅	初五戊午　立冬	二十癸酉　小雪
十二月朔大餘2,小餘13。小雪大餘21,小餘10。		

附：陳立公羊義疏引包氏曆譜

經：四月丙戌,衛孫良夫帥師及齊師戰於新築。

包氏慎言云:“据曆,丙戌爲五月二日,四月無丙戌也。”

經：六月癸酉,季孫行父臧孫許、叔孫僑如、公孫嬰齊帥師會晉郤克、衛孫良夫、曹公子手及齊侯戰於鞌。

包氏慎言云:“六月書癸酉,月之八日。”

經：(七月)己酉,及國佐盟于袁婁。

包氏慎言云:"七月書己酉,月之二十六日。"

經:八月壬午,宋公鮑卒。庚寅,衞侯遫卒。
包氏慎言云:"八月書壬午,月之三十日。""庚寅,九月之九日,不蒙上月。"

經:丙申,公及楚人、秦人、宋人、陳人、衞人、鄭人、齊人、曹人、邾婁人、薛人、鄫人盟于蜀。
包氏慎言云:"十一月書丙申,月之十五日。"

成公三年

正月大癸未	初六戊子　大雪	廿一癸卯　冬至
二月小癸丑	初六戊午　小寒	廿二甲戌　大寒
三月大壬午	初八己丑　立春	廿三甲辰　雨水
四月小壬子	初八己未　驚蟄	廿四乙亥　春分
五月大辛巳	初十庚寅　清明	廿五乙巳　穀雨
六月小辛亥	初十庚申　立夏	廿五乙亥　小滿
七月大庚辰	十二辛卯　芒種	廿七丙午　夏至
八月小庚戌	十二辛酉　小暑	廿七丙子　大暑
九月大己卯	十四壬辰　立秋	廿九丁未　處暑
十月小己酉	十四壬戌　白露	廿九丁丑　秋分
閏十月大戊寅	十五壬辰　寒露	
十一月小戊申	初一戊申　霜降	十六癸亥　立冬
十二月大丁丑	初二戊寅　小雪	十七癸巳　大雪
十二月朔大餘25,小餘860。大雪大餘41,小餘25。		

附：陳立公羊義疏引包氏曆譜

經：(正月)辛亥,葬衛繆公。

包氏慎言云："正月書辛亥,据曆,爲二月朔日。"

經：(二月)甲子,新宮災。

包氏慎言云："二月書甲子,月之十四日。"

經：（十一月）丙午，及荀庚盟。丁未，及孫良夫盟。

包氏慎言云："十一月書丙午、丁未，一爲閏月之朔日，一爲閏月之二日。"

成公四年

正月小丁未	初三己酉　冬至	十八甲子　小寒
二月大丙子	初四己卯　大寒	十九甲午　立春
三月大丙午	初四己酉　雨水	二十乙丑　驚蟄
四月小丙子	初五庚辰　春分	二十乙未　清明
五月大乙巳	初六庚戌　穀雨	廿一乙丑　立夏
六月小乙亥	初七辛巳　小滿	廿二丙申　芒種
七月大甲辰	初八辛亥　夏至	廿三丙寅　小暑
八月小甲戌	初九壬午　大暑	廿四丁酉　立秋
九月大癸卯	初十壬子　處暑	廿五丁卯　白露
十月小癸酉	初十壬午　秋分	廿六戊戌　寒露
十一月大壬寅	十二癸丑　霜降	廿七戊辰　立冬
十二月小壬申	十二癸未　小雪	廿八己亥　大雪
十二月朔大餘20，小餘268。大雪大餘47，小餘1。		

附：<u>陳立</u>公羊義疏引<u>包氏</u>曆譜

　　經：三月壬申，鄭伯堅卒。

　　<u>包氏</u>慎言云："三月書壬申，月之二十八日。"

　　經：四月甲寅，臧孫許卒。

　　<u>包氏</u>慎言云："四月書甲寅，四月無甲寅，五月之十一日也。"

成公五年

正月大辛丑	十四甲寅　冬至	廿九己巳　小寒
二月小辛未	十四甲申　大寒	廿九己亥　立春
三月大庚子	十六乙卯　雨水	
四月小庚午	初一庚午　驚蟄	十六乙酉　春分
五月大己亥	初二庚子　清明	十八丙辰　穀雨
六月大己巳	初三辛未　立夏	十八丙戌　小滿
七月小己亥	初三辛丑　芒種	十八丙辰　夏至
八月大戊辰	初五壬申　小暑	二十丁亥　大暑
九月小戊戌	初五壬寅　立秋	二十丁巳　處暑
十月大丁卯	初六壬申　白露	廿二戊子　秋分
十一月小丁酉	初七癸卯　寒露	廿二戊午　霜降
十二月大丙寅	初八癸酉　立冬	廿四己丑　小雪
十二月朔大餘 14，小餘 616。小雪大餘 37，小餘 2。		

附：陳立公羊義疏引包氏曆譜

　　經：冬十有一月己酉，天王崩。

　　包氏慎言云：“冬十一月書己酉，月之十五日。”

　　經：十有二月己丑，公會晉侯、齊侯、宋公、衛侯、鄭伯、曹伯、邾婁子、杞伯同盟于蟲牢。

　　包氏慎言云：“十二月書己丑，月之二十六日。”

成公六年

正月小丙申	初九甲辰　大雪	廿四己未　冬至
二月大乙丑	初十甲戌　小寒	廿五己丑　大寒
三月小乙未	十一乙巳　立春	廿六庚申　雨水
四月大甲子	十二乙亥　驚蟄	廿七庚寅　春分
五月小甲午	十三丙午　清明	廿八辛酉　穀雨
六月大癸亥	十四丙子　立夏	廿九辛卯　小滿
閏六月小癸巳	十四丙午　芒種	
七月大壬戌	初一壬戌　夏至	十六丁丑　小暑
八月小壬辰	初一壬辰　大暑	十六丁未　立秋
九月大辛酉	初三癸亥　處暑	十八戊寅　白露
十月大辛卯	初三癸巳　秋分	十八戊申　寒露
十一月小辛酉	初三癸亥　霜降	十九己卯　立冬
十二月大庚寅	初五甲午　小雪	二十己酉　大雪
十二月朔大餘38，小餘523。大雪大餘57，小餘17。		

附：陳立公羊義疏引包氏曆譜

經：二月辛巳，立武宮。

包氏慎言云：“二月經書辛巳，月之十八日。”

經：（六月）壬申，鄭伯費卒。

包氏慎言云：“六月書壬申，月之十一日。”

成公七年

正月小庚申	初五甲子　冬至	二十己卯　小寒
二月大己丑	初七乙未　大寒	廿二庚戌　立春
三月小己未	初七乙丑　雨水	廿二庚辰　驚蟄
四月大戊子	初九丙申　春分	廿四辛亥　清明
五月小戊午	初九丙寅　穀雨	廿四辛巳　立夏
六月大丁亥	初十丙申　小滿	廿六壬子　芒種
七月小丁巳	十一丁卯　夏至	廿六壬午　小暑
八月大丙戌	十二丁酉　大暑	廿八癸丑　立秋
九月小丙辰	十三戊辰　處暑	廿八癸未　白露
十月大乙酉	十四戊戌　秋分	廿九癸丑　寒露
十一月小乙卯	十五己巳　霜降	
十二月大甲申	初一甲申　立冬	十六己亥　小雪
十二月朔大餘 32，小餘 871。小雪大餘 47，小餘 18。		

附：陳立公羊義疏引包氏曆譜

　　經：“八月戊辰，同盟于馬陵。”

　　包氏慎言云：“八月書戊辰，八月無戊辰，九月之四日，七月之三日也。”

成公八年

正月小甲寅	初一甲寅　大雪	十七庚午　冬至
二月大癸未	初三乙酉　小寒	十八庚子　大寒
三月大癸丑	初三乙卯　立春	十八庚午　雨水
四月小癸未	初四丙戌　驚蟄	十九辛丑　春分
五月大壬子	初五丙辰　清明	二十辛未　穀雨
六月小壬午	初五丙戌　立夏	廿一壬寅　小滿
七月大辛亥	初七丁巳　芒種	廿二壬申　夏至
八月小辛巳	初七丁亥　小暑	廿三癸卯　大暑
九月大庚戌	初九戊午　立秋	廿四癸酉　處暑
十月小庚辰	初九戊子　白露	廿四癸卯　秋分
十一月大己酉	十一己未　寒露	廿六甲戌　霜降
十二月小己卯	十一己丑　立冬	廿六甲辰　小雪
十二月朔大餘27,小餘279。小雪大餘52,小餘26。		

附：陳立公羊義疏引包氏曆譜

　　經：十月癸卯,杞叔姬卒。

　　包氏慎言云:"十月書癸卯,月之二十五日。"

成公九年

正月大戊申	十三庚申　大雪	廿八乙亥　冬至
二月小戊寅	十三庚寅　小寒	廿八乙巳　大寒
三月大丁未	十四庚申　立春	三十丙子　雨水
閏三月小丁丑	十五辛卯　驚蟄	
四月大丙午	初一丙午　春分	十六辛酉　清明
五月大丙子	初二丁丑　穀雨	十七壬辰　立夏
六月小丙午	初二丁未　小滿	十七壬戌　芒種
七月大乙亥	初三丁丑　夏至	十九癸巳　小暑
八月小乙巳	初四戊申　大暑	十九癸亥　立秋
九月大甲戌	初五戊寅　處暑	二十癸巳　白露
十月小甲辰	初六己酉　秋分	廿一甲子　寒露
十一月大癸酉	初七己卯　霜降	廿二甲午　立冬
十二月小癸卯	初八庚戌　小雪	廿三乙丑　大雪
十二月朔大餘 51,小餘 186。大雪大餘 13,小餘 9。		

附：陳立公羊義疏引包氏曆譜

　　經：七月丙子,齊侯無野卒。

　　包氏慎言云："七月書丙子,月之三日。"

成公十年

正月大壬申	初九庚辰　冬至	廿四乙未　小寒
二月小壬寅	初九庚戌　大寒	廿五丙寅　立春
三月大辛未	十一辛巳　雨水	廿六丙申　驚蟄
四月小辛丑	十一辛亥　春分	廿七丁卯　清明
五月大庚午	十三壬午　穀雨	廿八丁酉　立夏
六月小庚子	十三壬子　小滿	廿八丁卯　芒種
七月大己巳	十五癸未　夏至	三十戊戌　小暑
八月小己亥	十五癸丑　大暑	
九月大戊辰	初一戊辰　立秋	十七甲申　處暑
十月大戊戌	初二己亥　白露	十七甲寅　秋分
十一月小戊辰	初二己巳　寒露	十七甲申　霜降
十二月大丁酉	初四庚子　立冬	十九乙卯　小雪
十二月朔大餘45，小餘534。小雪大餘3，小餘10。		

附：陳立公羊義疏引包氏曆譜

　　經：（五月）丙午，晉侯獳卒。

　　包氏慎言云：“五月書丙午，五月無丙午，四月之七日也。”

成公十一年

正月小丁卯	初四庚午　大雪	十九乙酉　冬至
二月大丙申	初五庚子　小寒	廿一丙辰　大寒
三月小丙寅	初六辛未　立春	廿一丙戌　雨水
四月大乙未	初七辛丑　驚蟄	廿三丁巳　春分
五月小乙丑	初八壬申　清明	廿三丁亥　穀雨
六月大甲午	初九壬寅　立夏	廿四丁巳　小滿
七月小甲子	初十癸酉　芒種	廿五戊子　夏至
八月大癸巳	十一癸卯　小暑	廿六戊午　大暑
九月小癸亥	十二甲戌　立秋	廿七己丑　處暑
十月大壬辰	十三甲辰　白露	廿八己未　秋分
十一月小壬戌	十三甲戌　寒露	廿九庚寅　霜降
十二月大辛卯	十五乙巳　立冬	三十庚申　小雪
閏十二月小辛酉	十五乙亥　大雪	
閏十二月朔大餘9,小餘441。大雪大餘23,小餘25。		

附：陳立公羊義疏引包氏曆譜

　　經：(三月)己丑,及郹州盟。

　　包氏慎言云:"三月書己丑,月之二十五日也。"

成公十二年

正月大庚寅	初一辛卯　冬至	十六丙午　小寒
二月大庚申	初二辛酉　大寒	十七丙子　立春
三月小庚寅	初二辛卯　雨水	十八丁未　驚蟄
四月大己未	初四壬戌　春分	十九丁丑　清明
五月小己丑	初四壬辰　穀雨	十九丁未　立夏
六月大戊午	初六癸亥　小滿	廿一戊寅　芒種
七月小戊子	初六癸巳　夏至	廿一戊申　小暑
八月大丁巳	初八甲子　大暑	廿三己卯　立秋
九月小丁亥	初八甲午　處暑	廿三己酉　白露
十月大丙辰	初九甲子　秋分	廿五庚辰　寒露
十一月小丙戌	初十乙未　霜降	廿五庚戌　立冬
十二月大乙卯	十一乙丑　小雪	廿七辛巳　大雪
十二月朔大餘 3，小餘 789。大雪大餘 29，小餘 1。		

成公十三年

正月小乙酉	十二丙申　冬至	廿七辛亥　小寒
二月大甲寅	十三丙寅　大寒	廿八辛巳　立春
三月小甲申	十四丁酉　雨水	廿九壬子　驚蟄
四月大癸丑	十五丁卯　春分	三十壬午　清明
五月大癸未	十六戊戌　穀雨	
六月小癸丑	初一癸丑　立夏	十六戊辰　小滿
七月大壬午	初二癸未　芒種	十七戊戌　夏至
八月小壬子	初三甲寅　小暑	十八己巳　大暑
九月大辛巳	初四甲申　立秋	十九己亥　處暑
十月小辛亥	初四甲寅　白露	二十庚午　秋分
十一月大庚辰	初六乙酉　寒露	廿一庚子　霜降
十二月小庚戌	初六乙卯　立冬	廿二辛未　小雪
十二月朔大餘 19，小餘 197。小雪大餘 40，小餘 2。		

成公十四年

正月大己卯	初八丙戌　大雪	廿三辛丑　冬至
二月小己酉	初八丙辰　小寒	廿三辛未　大寒
三月大戊寅	初十丁亥　立春	廿五壬寅　雨水
四月小戊申	初十丁巳　驚蟄	廿五壬申　春分
五月大丁丑	十二戊子　清明	廿七癸卯　穀雨
六月小丁未	十二戊午　立夏	廿七癸酉　小滿
七月大丙子	十三戊子　芒種	廿九甲辰　夏至
八月小丙午	十四己未　小暑	廿九甲戌　大暑
閏八月大乙亥	十五己丑　立秋	
九月大乙巳	初一乙巳　處暑	十六庚申　白露
十月小乙亥	初一乙亥　秋分	十六庚寅　寒露
十一月大甲辰	初二乙巳　霜降	十八辛酉　立冬
十二月小甲戌	初三丙子　小雪	十八辛卯　大雪
十二月朔大餘 43，小餘 104。大雪大餘無，小餘 17。		

附：<u>陳立</u> <u>公羊義疏</u>引<u>包氏曆譜</u>

　　<u>經</u>：十月庚寅，<u>衛</u>侯<u>臧</u>卒。

　　<u>包氏</u>慎言云："十月書庚寅，月之十七日。"

成公十五年

正月大癸卯	初四丙午　冬至	十九辛酉　小寒
二月小癸酉	初五丁丑　大寒	二十壬辰　立春
三月大壬寅	初六丁未　雨水	廿一壬戌　驚蟄
四月小壬申	初七戊寅　春分	廿二癸巳　清明
五月大辛丑	初八戊申　穀雨	廿三癸亥　立夏
六月小辛未	初八戊寅　小滿	廿四甲午　芒種
七月大庚子	初十己酉　夏至	廿五甲子　小暑
八月小庚午	初十己卯　大暑	廿六乙未　立秋
九月大己亥	十二庚戌　處暑	廿七乙丑　白露
十月小己巳	十二庚辰　秋分	廿七乙未　寒露
十一月大戊戌	十四辛亥　霜降	廿九丙寅　立冬
十二月大戊辰	十四辛巳　小雪	廿九丙申　大雪
十二月朔大餘 37，小餘 452。大雪大餘 5，小餘 25。		

附：陳立公羊義疏引包氏曆譜

　　經：三月乙巳，仲嬰齊卒。

　　包氏慎言云：“三月書乙巳，月之四日。”

　　經：癸丑，公會晉侯、衛侯、鄭伯、曹伯、宋世子成、齊國佐、邾婁人同盟于戚。

　　包氏慎言云：“三月書癸丑，月之十二日。”

　　經：八月庚辰，葬宋共公。

　　包氏慎言云：“八月書庚辰，月之十一日。”

成公十六年

正月小戊戌	十五壬子　冬至	
二月大丁卯	初一丁卯　小寒	十六壬午　大寒
三月小丁酉	初一丁酉　立春	十六壬子　雨水
四月大丙寅	初三戊辰　驚蟄	十八癸未　春分
五月小丙申	初三戊戌　清明	十八癸丑　穀雨
六月大乙丑	初四戊辰　立夏	二十甲申　小滿
七月小乙未	初五己亥　芒種	二十甲寅　夏至
八月大甲子	初六己巳　小暑	廿二乙酉　大暑
九月小甲午	初七庚子　立秋	廿二乙卯　處暑
十月大癸亥	初八庚午　白露	廿三乙酉　秋分
十一月小癸巳	初九辛丑　寒露	廿四丙辰　霜降
十二月大壬戌	初十辛未　立冬	廿五丙戌　小雪
十二月朔大餘 31，小餘 800。小雪大餘 55，小餘 26。		

附：陳立公羊義疏引包氏曆譜

　經：四月辛未，滕子卒。

　包氏慎言云：“四月書辛未，月之六日。”

　經：六月丙寅朔，日有食之。

　包氏慎言云：“六月書丙寅，劉歆以為四月二日，是也。”

　經：(六月)甲午，晦。

　包氏慎言云：“六月又書甲午，甲午本六月之晦日。春秋不記晦,故特言記異以別之。"

　　經：十月乙亥,叔孫僑如出奔齊。
　　包氏慎言云:"十月乙亥,月之十三日。"

成公十七年

正月小壬辰	十一壬寅　大雪	廿六丁巳　冬至
二月大辛酉	十二壬申　小寒	廿七丁亥　大寒
三月小辛卯	十二壬寅　立春	廿八戊午　雨水
四月大庚申	十四癸酉　驚蟄	廿九戊子　春分
五月大庚寅	十四癸卯　清明	三十己未　穀雨
閏五月小庚申	十五甲戌　立夏	
六月大己丑	初一己丑　小滿	十六甲辰　芒種
七月小己未	初一己未　夏至	十七乙亥　小暑
八月大戊子	初三庚寅　大暑	十八乙巳　立秋
九月小戊午	初三庚申　處暑	十八乙亥　白露
十月大丁亥	初五辛卯　秋分	二十丙午　寒露
十一月小丁巳	初五辛酉　霜降	二十丙子　立冬
十二月大丙戌	初七壬辰　小雪	廿二丁未　大雪

十二月朔大餘 55，小餘 707。大雪大餘 16，小餘 9。

附：陳立公羊義疏引包氏曆譜

經：六月乙酉，同盟于柯陵。

包氏慎言云："積閏分六月後已盈，宜置閏，而經書六月柯陵之盟日乙酉，月之二十七日。九月書用郊之日爲辛[丑]，若六月有閏，則辛丑爲八月之十四日，非九月日也。"

經：九月辛丑，用郊。

包氏慎言云："九月書辛丑，用郊之日爲辛丑，若六月有閏，則辛丑爲八月之十四日，非九月日也。”

　　經：壬申，公孫嬰齊卒于貍軫。

　　<u>包氏</u><u>慎言</u>云：“十一月經書壬申，壬申爲十月之十六日。”

　　經：十有二月丁巳朔，日有食之。

　　<u>包氏</u><u>慎言</u>云：“十二月書丁巳朔，是時曆於歲終乃置閏也。<u>元</u><u>志</u><u>姜岌</u>云：‘十二月戊子朔，無丁巳，似失閏。’<u>大衍</u>於十一月丁巳朔，交分入食限。”

成公十八年

正月小丙辰	初七壬戌　冬至	廿二丁丑　小寒
二月大乙酉	初八壬辰　大寒	廿四戊申　立春
三月小乙卯	初九癸亥　雨水	廿四戊寅　驚蟄
四月大甲申	初十癸巳　春分	廿六己酉　清明
五月小甲寅	十一甲子　穀雨	廿六己卯　立夏
六月大癸未	十二甲午　小滿	廿七己酉　芒種
七月小癸丑	十三乙丑　夏至	廿八庚辰　小暑
八月大壬午	十四乙未　大暑	廿九庚戌　立秋
九月大壬子	十五丙寅　處暑	三十辛巳　白露
十月小壬午	十五丙申　秋分	
十一月大辛亥	初一辛亥　寒露	十六丙寅　霜降
十二月小辛巳	初二壬午　立冬	十七丁酉　小雪

十二月朔大餘50，小餘115。小雪大餘6，小餘10。

附：陳立公羊義疏引包氏曆譜

經：庚申，晉弒其君州蒲。

包氏慎言云："正月書庚申，月之五日。"

經：(八月)己丑，公薨于路寢。

包氏慎言云："八月書己丑，月之八日。"

經：丁未，葬我君成公。

包氏慎言云："十二月書丁未，月之二十八日。"

春秋公羊傳曆譜訂正八　襄公

襄公元年

正月大庚戌	初三壬子　大雪	十八丁卯　冬至
二月小庚辰	初三壬午　小寒	十九戊戌　大寒
三月大己酉	初五癸丑　立春	二十戊辰　雨水
四月小己卯	初五癸未　驚蟄	廿一己亥　春分
五月大戊申	初七甲寅　清明	廿二己巳　穀雨
六月小戊寅	初七甲申　立夏	廿二己亥　小滿
七月大丁未	初九乙卯　芒種	廿四庚午　夏至
八月小丁丑	初九乙酉　小暑	廿四庚子　大暑
九月大丙午	十一丙辰　立秋	廿六辛未　處暑
十月小丙子	十一丙戌　白露	廿六辛丑　秋分
十一月大乙巳	十二丙辰　寒露	廿八壬申　霜降
十二月大乙亥	十三丁亥　立冬	廿八壬寅　小雪

十二月朔大餘44，小餘463。小雪大餘11，小餘18。

附：陳立公羊義疏引包氏曆譜

　　經：九月辛酉，天王崩。

　　包氏慎言云："九月書辛酉，月之十六日。"

襄公二年

正月小乙巳	十三丁巳　大雪	廿九癸酉　冬至
二月大甲戌	十五戊子　小寒	三十癸卯　大寒
閏二月小甲辰	十五戊午　立春	
三月大癸酉	初一癸酉　雨水	十七己丑　驚蟄
四月小癸卯	初二甲辰　春分	十七己未　清明
五月大壬申	初三甲戌　穀雨	十八己丑　立夏
六月小壬寅	初四乙巳　小滿	十九庚申　芒種
七月大辛未	初五乙亥　夏至	二十庚寅　小暑
八月小辛丑	初六丙午　大暑	廿一辛酉　立秋
九月大庚午	初七丙子　處暑	廿二辛卯　白露
十月小庚子	初七丙午　秋分	廿三壬戌　寒露
十一月大己巳	初九丁丑　霜降	廿四壬辰　立冬
十二月小己亥	初九丁未　小雪	廿五癸亥　大雪
十二月朔大餘8,小餘370。大雪大餘32,小餘1。		

附：陳立公羊義疏引包氏曆譜

經：五月庚寅,夫人姜氏薨。六月庚辰,鄭伯睔卒。

包氏慎言云:"五月書庚寅,月之十九日。""六月無庚辰,五月之九日,七月之十日也。"

經：己丑,葬我小君齊姜。

包氏慎言云:"七月書己丑,月之十九日。"

襄公三年

正月大戊辰	十一戊寅　冬至	廿六癸巳　小寒
二月小戊戌	十一戊申　大寒	廿六癸亥　立春
三月大丁卯	十三己卯　雨水	廿八甲午　驚蟄
四月大丁酉	十三己酉　春分	廿八甲子　清明
五月小丁卯	十四庚辰　穀雨	廿九乙未　立夏
六月大丙申	十五庚戌　小滿	三十乙丑　芒種
七月小丙寅	十五庚辰　夏至	
八月大乙未	初二丙申　小暑	十七辛亥　大暑
九月小乙丑	初二丙寅　立秋	十七辛巳　處暑
十月大甲午	初三丙申　白露	十九壬子　秋分
十一月小甲子	初四丁卯　寒露	十九壬午　霜降
十二月大癸巳	初五丁酉　立冬	廿一癸丑　小雪
十二月朔大餘2,小餘718。小雪大餘22,小餘2。		

附：陳立公羊義疏引包氏曆譜

　　經：四月壬戌,公及晉侯盟于長樗。

　　包氏慎言云：“四月書壬戌,月之二十七日。”

　　經：(六月)己未,同盟于雞澤。

　　包氏慎言云：“己未,月之二十五日。”

　　經：戊寅,叔孫豹及諸侯之大夫及陳袁僑盟。

　　包氏慎言云：“六月下又有戊寅,七月之十四日也。”

襄公四年

正月小癸亥	初六戊辰　大雪	廿一癸未　冬至
二月大壬辰	初七戊戌　小寒	廿二癸丑　大寒
三月小壬戌	初八己巳　立春	廿三甲申　雨水
四月大辛卯	初九己亥　驚蟄	廿四甲寅　春分
五月小辛酉	初十庚午　清明	廿五乙酉　穀雨
六月大庚寅	十一庚子　立夏	廿六乙卯　小滿
七月大庚申	十一庚午　芒種	廿七丙戌　夏至
八月小庚寅	十二辛丑　小暑	廿七丙辰　大暑
九月大己未	十三辛未　立秋	廿九丁亥　處暑
十月小己丑	十四壬寅　白露	廿九丁巳　秋分
十一月大戊午	十五壬申　寒露	三十丁亥　霜降
閏十一月小戊子	十六癸卯　立冬	
十二月朔大餘26　小餘625大雪大餘42　小餘17		

附：陳立公羊義疏引包氏曆譜

　　經：三月己酉,陳侯午卒。

　　包氏慎言云:"三月書己酉,三月無己酉,二月之十七日也。"

　　經：七月戊子,夫人弋氏薨。

　　包氏慎言云:"七月書戊子,月之三十日。"

　　經：八月辛亥,葬我小君定弋。

　　包氏慎言云:"八月書辛亥,月之二十三日。"

襄公五年

正月小丁亥	初二戊子　冬至	十七癸卯　小寒
二月大丙辰	初四己未　大寒	十九甲戌　立春
三月小丙戌	初四己丑　雨水	十九甲辰　驚蟄
四月大乙卯	初六庚申　春分	廿一乙亥　清明
五月小乙酉	初六庚寅　穀雨	廿一乙巳　立夏
六月大甲寅	初七庚申　小滿	廿三丙子　芒種
七月小甲申	初八辛卯　夏至	廿三丙午　小暑
八月大癸丑	初九辛酉　大暑	廿五丁丑　立秋
九月小癸未	初十壬辰　處暑	廿五丁未　白露
十月大壬子	十一壬戌　秋分	廿六丁丑　寒露
十一月大壬午	十二癸巳　霜降	廿七戊申　立冬
十二月小壬子	十二癸亥　小雪	廿七戊寅　大雪
十二月朔大餘 21，小餘 33。大雪大餘 47，小餘 25。		

襄公六年

正月大辛巳	十四甲午　冬至	廿九己酉　小寒
二月小辛亥	十四甲子　大寒	廿九己卯　立春
三月大庚辰	十五甲午　雨水	
四月小庚戌	初一庚戌　驚蟄	十六乙丑　春分
五月大己卯	初二庚辰　清明	十七乙未　穀雨
六月小己酉	初二庚戌　立夏	十八丙寅　小滿
七月大戊寅	初四辛巳　芒種	十九丙申　夏至
八月小戊申	初四辛亥　小暑	二十丁卯　大暑
九月大丁丑	初六壬午　立秋	廿一丁酉　處暑
十月小丁未	初六壬子　白露	廿一丁卯　秋分
十一月大丙子	初八癸未　寒露	廿三戊戌　霜降
十二月小丙午	初八癸丑　立冬	廿三戊辰　小雪
十二月朔大餘 15，小餘 381。小雪大餘 37，小餘 26。		

附：陳立公羊義疏引包氏曆譜

　　經：三月壬午，杞伯姑容卒。

　　包氏慎言云："三月書壬午，月之三日。"

襄公七年

正月大乙亥	初十甲申　大雪	廿五己亥　冬至
二月小乙巳	初十甲寅　小寒	廿五己巳　大寒
三月大甲戌	十一甲申　立春	廿七庚子　雨水
四月大甲辰	十二乙卯　驚蟄	廿七庚午　春分
五月小甲戌	十二乙酉　清明	廿八辛丑　穀雨
六月大癸卯	十四丙辰　立夏	廿九辛未　小滿
七月小癸酉	初四丙戌　芒種	廿九辛丑　夏至
閏七月大壬寅	十六丁巳　小暑	
八月小壬申	初一壬申　大暑	十六丁亥　立秋
九月大辛丑	初二壬寅　處暑	十七丁巳　白露
十月小辛未	初三癸酉　秋分	十八戊子　寒露
十一月大庚子	初四癸卯　霜降	十九戊午　立冬
十二月小庚午	初五甲戌　小雪	二十己丑　大雪
十二月朔大餘 39，小餘 288。大雪大餘 58，小餘 9。		

附：陳立公羊義疏引包氏曆譜

　　經：（冬十月）壬戌，及孫林父盟。

　　包氏慎言云：“九月閏，七月後已盈，然經書冬十月壬戌，爲十月之廿二日。前有閏，則此爲九月日，非十月日也。”

　　經：（十二月）丙戌，卒于操。

　　包氏慎言云：“十二月有丙戌，月之十七日，時蓋閏十月，故十二月有丙戌也。”

襄公八年

正月大己亥	初六甲辰　冬至	廿一己未　小寒
二月小己巳	初六甲戌　大寒	廿二庚寅　立春
三月大戊戌	初八乙巳　雨水	廿三庚申　驚蟄
四月小戊辰	初八乙亥　春分	廿四辛卯　清明
五月大丁酉	初十丙午　穀雨	廿五辛酉　立夏
六月大丁卯	初十丙子　小滿	廿五辛卯　芒種
七月小丁酉	十一丁未　夏至	廿六壬戌　小暑
八月大丙寅	十二丁丑　大暑	廿七壬辰　立秋
九月小丙申	十三戊申　處暑	廿八癸亥　白露
十月大乙丑	十四戊寅　秋分	廿九癸巳　寒露
十一月小乙未	十四戊申　霜降	
十二月大甲子	初一甲子　立冬	十六己卯　小雪
十二月朔大餘 33,小餘 636。小雪大餘 48,小餘 10。		

襄公九年

正月小甲午	初一甲午　大雪	十六己酉　冬至
二月大癸亥	初二甲子　小寒	十八庚辰　大寒
三月小癸巳	初三乙未　立春	十八庚戌　雨水
四月大壬戌	初四乙丑　驚蟄	二十辛巳　春分
五月小壬辰	初五丙申　清明	二十辛亥　穀雨
六月大辛酉	初六丙寅　立夏	廿一辛巳　小滿
七月小辛卯	初七丁酉　芒種	廿二壬子　夏至
八月大庚申	初八丁卯　小暑	廿三壬午　大暑
九月小庚寅	初九戊戌　立秋	廿四癸丑　處暑
十月大己未	初十戊辰　白露	廿五癸未　秋分
十一月大己丑	初十戊戌　寒露	廿六甲寅　霜降
十二月小己未	十一己巳　立冬	廿六甲申　小雪
十二月朔大餘 28，小餘 44。小雪大餘 53，小餘 18。		

附：<u>陳立</u><u>公羊義疏</u>引<u>包氏</u>曆譜

　　經：五月辛酉，夫人<u>姜氏</u>薨。

　　<u>包氏</u><u>慎言</u>云：“五月書辛酉，月之三十日。”

　　經：八月癸未，葬我小君<u>繆姜</u>。

　　<u>包氏</u><u>慎言</u>云：“八月書癸未，月之二十三日。”

　　經：十二有月己亥，同盟于<u>戲</u>。

　　<u>包氏</u><u>慎言</u>云：“十二月書己亥，十二月無己亥，十一月之十一日。”

襄公十年

正月大戊子	十二己亥　大雪	廿八乙卯　冬至
二月小戊午	十三庚午　小寒	廿八乙酉　大寒
三月大丁亥	十四庚子　立春	廿九乙卯　雨水
閏三月小丁巳	十五辛未　驚蟄	
四月大丙戌	初一丙戌　春分	十六辛丑　清明
五月小丙辰	初一丙辰　穀雨	十六辛未　立夏
六月大乙酉	初三丁亥　小滿	十八壬寅　芒種
七月小乙卯	初三丁巳　夏至	十八壬申　小暑
八月大甲申	初五戊子　大暑	二十癸卯　立秋
九月小甲寅	初五戊午　處暑	二十癸酉　白露
十月大癸未	初六戊子　秋分	廿二甲辰　寒露
十一月小癸丑	初七己未　霜降	廿二甲戌　立冬
十二月大壬午	初八己丑　小雪	廿四乙巳　大雪
十二月朔大餘51,小餘891。大雪大餘14,小餘1。		

附：陳立 公羊義疏引包氏曆譜

　　經：五月甲午,遂滅偪陽。

　　包氏慎言云:"五月書甲午,月之九日,時於五月後方置閏也。"

襄公十一年

正月大壬子	初九庚申　冬至	廿四乙亥　小寒
二月小壬午	初九庚寅　大寒	廿四乙巳　立春
三月大辛亥	十一辛酉　雨水	廿六丙子　驚蟄
四月小辛巳	十一辛卯　春分	廿六丙午　清明
五月大庚戌	十三壬戌　穀雨	廿八丁丑　立夏
六月小庚辰	十三壬辰　小滿	廿八丁未　芒種
七月大己酉	十四壬戌　夏至	三十戊寅　小暑
八月小己卯	十五癸巳　大暑	
九月大戊申	初一戊申　立秋	十六癸亥　處暑
十月小戊寅	初一戊寅　白露	十七甲午　秋分
十一月大丁未	初三己酉　寒露	十八甲子　霜降
十二月小丁丑	初三己卯　立冬	十九乙未　小雪
十二月朔大餘46，小餘299。小雪大餘4，小餘2。		

附：陳立公羊義疏引包氏曆譜

　　經：七月己未，同盟于京城北。

　　包氏慎言云："七月書己未，月之十一日。"

襄公十二年

正月大丙午	初五庚戌　大雪	二十乙丑　冬至
二月小丙子	初五庚辰　小寒	二十乙未　大寒
三月大乙巳	初七辛亥　立春	廿二丙寅　雨水
四月小乙亥	初七辛巳　驚蟄	廿二丙申　春分
五月大甲辰	初九壬子　清明	廿四丁卯　穀雨
六月大甲戌	初九壬午　立夏	廿四丁酉　小滿
七月小甲辰	初九壬子　芒種	廿五戊辰　夏至
八月大癸酉	十一癸未　小暑	廿六戊戌　大暑
九月小癸卯	十一癸丑　立秋	廿七己巳　處暑
十月大壬申	十三甲申　白露	廿八己亥　秋分
十一月小壬寅	十三甲寅　寒露	廿八己巳　霜降
十二月大辛未	十五乙酉　立冬	三十庚子　小雪
閏十二月朔大餘 10，小餘 206。大雪大餘 24，小餘 17。		

襄公十三年

正月大庚午	初一庚午　冬至	十六乙酉　小寒
二月小庚子	初二辛丑　大寒	十七丙辰　立春
三月大己巳	初三辛未　雨水	十八丙戌　驚蟄
四月小己亥	初四壬寅　春分	十九丁巳　清明
五月大戊辰	初五壬申　穀雨	二十丁亥　立夏
六月小戊戌	初五壬寅　小滿	廿一戊午　芒種
七月大丁卯	初七癸酉　夏至	廿二戊子　小暑
八月小丁酉	初七癸卯　大暑	廿三己未　立秋
九月大丙寅	初九甲戌　處暑	廿四己丑　白露
十月大丙申	初九甲辰　秋分	廿四己未　寒露
十一月小丙寅	初十乙亥　霜降	廿五庚寅　立冬
十二月大乙未	十一乙巳　小雪	廿六庚申　大雪
十二月朔大餘 4，小餘 554。大雪大餘 29，小餘 25。		

襄公十四年

正月小乙丑	十二丙子　冬至	廿七辛卯　小寒
二月大甲午	十三丙午　大寒	廿八辛酉　立春
三月小甲子	十三丙子　雨水	廿九壬辰　驚蟄
四月大癸巳	十五丁未　春分	三十壬戌　清明
五月小癸亥	十五丁丑　穀雨	
六月大壬辰	初一壬辰　立夏	十七戊申　小滿
七月小壬戌	初二癸亥　芒種	十七戊寅　夏至
八月大辛卯	初三癸巳　小暑	十九己酉　大暑
九月小辛酉	初四甲子　立秋	十九己卯　處暑
十月大庚寅	初五甲午　白露	二十己酉　秋分
十一月小庚申	初六乙丑　寒露	廿一庚辰　霜降
十二月大己丑	初七乙未　立冬	廿二庚戌　小雪
十二月朔大餘58，小餘902。小雪大餘19，小餘26。		

附：陳立公羊義疏引包氏曆譜

　　經：二月乙未朔，日有食之。

　　包氏慎言云："春二月，其朔日經爲乙未，書日食，据曆，則日之二日。"

　　經：（四月）己未，衛侯衎出奔齊。

　　包氏慎言云："四月書己未，月之二十七日。"

襄公十五年

正月大己未	初八丙寅　大雪	廿三辛巳　冬至
二月小己丑	初八丙申　小寒	廿三辛亥　大寒
三月大戊午	初九丙寅　立春	廿五壬午　雨水
四月小戊子	初十丁酉　驚蟄	廿五壬子　春分
五月大丁巳	十一丁卯　清明	廿七癸未　穀雨
六月小丁亥	十二戊戌　立夏	廿七癸丑　小滿
七月大丙辰	十三戊辰　芒種	廿八癸未　夏至
八月小丙戌	十四己亥　小暑	廿九甲寅　大暑
九月大乙卯	十五己巳　立秋	三十甲申　處暑
閏九月小乙酉	十五己亥　白露	
十月大甲寅	初二乙卯　秋分	十七庚午　寒露
十一月小甲申	初二乙酉　霜降	十七庚子　立冬
十二月大癸丑	初四丙辰　小雪	十九辛未　大雪

十二月朔大餘22，小餘809。大雪大餘40，小餘9。

附：陳立公羊義疏引包氏曆譜

　　經：二月己亥，及向戌盟于劉。

　　包氏慎言云：“二月書己亥，月之十二日。”

　　經：八月丁巳，日有食之。

　　包氏慎言云：“八月書丁巳，据曆，爲七月之二日。”

　　經：十有一月癸亥，晉侯周卒。

　　包氏慎言云：“十一月書癸亥，九月無閏，則爲月之十日。”

195

襄公十六年

正月小癸未	初四丙戌　冬至	十九辛丑　小寒
二月大壬子	初五丙辰　大寒	廿一壬申　立春
三月小壬午	初六丁亥　雨水	廿一壬寅　驚蟄
四月大辛亥	初七丁巳　春分	廿三癸酉　清明
五月大辛巳	初八戊子　穀雨	廿三癸卯　立夏
六月小辛亥	初八戊午　小滿	廿三癸酉　芒種
七月大庚辰	初十己丑　夏至	廿五甲辰　小暑
八月小庚戌	初十己未　大暑	廿五甲戌　立秋
九月大己卯	十二庚寅　處暑	廿七乙巳　白露
十月小己酉	十二庚申　秋分	廿七乙亥　寒露
十一月大戊寅	十三庚寅　霜降	廿九丙午　立冬
十二月小戊申	十四辛酉　小雪	廿九丙子　大雪
十二月朔大餘17,小餘217。大雪大餘45,小餘17。		

附：陳立公羊義疏引包氏曆譜

經：五月甲子,地震。

包氏慎言云:"經三月有戊寅,五月有甲子,据曆,戊寅爲二月之二十八日,甲子爲四月之十五日。"

襄公十七年

正月大丁丑	十五辛卯　冬至	三十丙午　小寒
二月小丁未	十六壬戌　大寒	
三月大丙子	初二丁丑　立春	十七壬辰　雨水
四月小丙午	初二丁未　驚蟄	十八癸亥　春分
五月大乙亥	初四戊寅　清明	十九癸巳　穀雨
六月小乙巳	初四戊申　立夏	十九癸亥　小滿
七月大甲戌	初六己卯　芒種	廿一甲午　夏至
八月大甲辰	初六己酉　小暑	廿一甲子　大暑
九月小甲戌	初七庚辰　立秋	廿二乙未　處暑
十月大癸卯	初八庚戌　白露	廿三乙丑　秋分
十一月小癸酉	初八庚辰　寒露	廿四丙申　霜降
十二月大壬寅	初十辛亥　立冬	廿五丙寅　小雪
十二月朔大餘 11，小餘 565。小雪大餘 35，小餘 18。		

附：陳立公羊義疏引包氏曆譜

　　經：二月庚午，邾婁子瞷卒。

　　包氏慎言云：“二月書庚午，月之十五日。”

襄公十八年

正月小壬申	初十辛巳　大雪	廿六丁酉　冬至
二月大辛丑	十二壬子　小寒	廿七丁卯　大寒
三月小辛未	十二壬午　立春	廿七丁酉　雨水
四月大庚子	十四癸丑　驚蟄	廿九戊辰　春分
五月小庚午	十四癸未　清明	廿九戊戌　穀雨
閏五月大己亥	十五癸丑　立夏	
六月小己巳	初一己巳　小滿	十六甲申　芒種
七月大戊戌	初二己亥　夏至	十七甲寅　小暑
八月小戊辰	初三庚午　大暑	十八乙酉　立秋
九月大丁酉	初四庚子　處暑	十九乙卯　白露
十月小丁卯	初四庚午　秋分	二十丙戌　寒露
十一月大丙申	初六辛丑　霜降	廿一丙辰　立冬
十二月大丙寅	初六辛未　小雪	廿二丁亥　大雪
十二月朔大餘 35，小餘 472。大雪大餘 56，小餘 1。		

襄公十九年

正月小丙申	初七壬寅　冬至	廿二丁巳　小寒
二月大乙丑	初八壬申　大寒	廿三丁亥　立春
三月小乙未	初九癸卯　雨水	廿四戊午　驚蟄
四月大甲子	初十癸酉　春分	廿五戊子　清明
五月小甲午	十一甲辰　穀雨	廿六己未　立夏
六月大癸亥	十二甲戌　小滿	廿七己丑　芒種
七月小癸巳	十二甲辰　夏至	廿八庚申　小暑
八月大壬戌	十四乙亥　大暑	廿九庚寅　立秋
九月小壬辰	十四乙巳　處暑	廿九庚申　白露
十月大辛酉	十六丙子　秋分	
十一月小辛卯	初一辛卯　寒露	十六丙午　霜降
十二月大庚申	初二辛酉　立冬	十八丁丑　小雪
十二月朔大餘 29，小餘 820。小雪大餘 46，小餘 2。		

附：陳立公羊義疏引包氏曆譜

　　經：七月辛卯，齊侯瑗卒。

　　包氏慎言云：“七月書辛卯，月之朔日也。”

　　經：八月丙辰，仲孫蔑卒。

　　包氏慎言云：“辛卯爲七月朔日，月之二十六日爲丙辰，而經書‘八月辛卯，仲孫蔑卒’，則辛卯必爲望後之日，方可。”

襄公二十年

正月小庚寅	初三壬辰　大雪	十八丁未　冬至
二月大己未	初四壬戌　小寒	十九丁丑　大寒
三月小己丑	初五癸巳　立春	二十戊申　雨水
四月大戊午	初六癸亥　驚蟄	廿一戊寅　春分
五月大戊子	初七甲午　清明	廿二己酉　穀雨
六月小戊午	初七甲子　立夏	廿二己卯　小滿
七月大丁亥	初八甲午　芒種	廿四庚戌　夏至
八月小丁巳	初九乙丑　小暑	廿四庚辰　大暑
九月大丙戌	初十乙未　立秋	廿六辛亥　處暑
十月小丙辰	十一丙寅　白露	廿六辛巳　秋分
十一月大乙酉	十二丙申　寒露	廿七辛亥　霜降
十二月小乙卯	十三丁卯　立冬	廿八壬午　小雪

十二月朔大餘 24，小餘 228。小雪大餘 51，小餘 10。

附：陳立 公羊義疏引包氏 曆譜

　　經：正月辛亥，仲孫遬會莒人盟于向。

　　包氏慎言云：“正月書辛亥，月之二十六日。”

　　經：六月庚申，公會晉侯、齊侯、宋公、衛侯、鄭伯、曹伯、莒子、邾婁子、滕子、薛伯、杞伯、小邾婁子盟于澶淵。

　　包氏慎言云：“六月書庚申，月之五日。”

經：十月丙辰朔，日有食之。

包氏慎言云：“冬十月書丙辰朔，据曆，爲月之三日。八、九兩月連大，亦爲月之二日。丙辰係六月朔，非十月也。”

襄公二十一年

正月大甲申	十四丁酉　大雪	廿九壬子　冬至
閏正月小甲寅	十四丁卯　小寒	
二月大癸未	初一癸未　大寒	十六戊戌　立春
三月小癸丑	初一癸丑　雨水	十六戊辰　驚蟄
四月大壬午	初三甲申　春分	十八己亥　清明
五月小壬子	初三甲寅　穀雨	十八己巳　立夏
六月大辛巳	初四甲申　小滿	二十庚子　芒種
七月大辛亥	初五乙卯　夏至	二十庚午　小暑
八月小辛巳	初五乙酉　大暑	廿一辛丑　立秋
九月大庚戌	初七丙辰　處暑	廿二辛未　白露
十月小庚辰	初七丙戌　秋分	廿二辛丑　寒露
十一月大己酉	初九丁巳　霜降	廿四壬申　立冬
十二月小己卯	初九丁亥　小雪	廿四壬寅　大雪
十二月朔大餘48,小餘135。大雪大餘11,小餘25。		

附：陳立公羊義疏引包氏曆譜

經：九月庚戌朔,日有食之。

包氏慎言云:"九月書庚戌朔,十月書庚辰朔,据曆,十月朔爲己卯,庚辰其二日也。蓋小六月,則庚戌爲七月朔矣。依曆,大九月,十月朔亦爲庚辰,與經所書悉合。十月後三月頻小,古曆有三月頻大,或亦有三月頻小者。"

經：十有一月庚子,孔子生。

包氏慎言公羊曆譜云："公羊傳於十一月記孔子生,据曆,庚子,十月之二十二日、十二月之二十三日,凡十一月也。①"

襄公二十二年

正月大戊申	十一戊午　冬至	廿六癸酉　小寒
二月小戊寅	十一戊子　大寒	廿六癸卯　立春
三月大丁未	十二戊午　雨水	廿八甲戌　驚蟄
四月小丁丑	十三己丑　春分	廿八甲辰　清明
五月大丙午	十四己未　穀雨	廿九甲戌　立夏
六月小丙子	十五庚寅　小滿	
七月大乙巳	初一乙巳　芒種	十六庚申　夏至
八月小乙亥	初一乙亥　小暑	十七辛卯　大暑
九月大甲辰	初三丙午　立秋	十八辛酉　處暑
十月小甲戌	初三丙子　白露	十八辛卯　秋分
十一月大癸卯	初五丁未　寒露	二十壬戌　霜降
十二月大癸酉	初五丁丑　立冬	二十壬辰　小雪
十二月朔大餘 42，小餘 483。小雪大餘 1，小餘 26。		

附：陳立公羊義疏引包氏曆譜

經：七月辛酉，叔老卒。

包氏慎言云："七月書辛酉，月之十八日。"

襄公二十三年

正月小癸卯	初六戊申　大雪	廿一癸亥　冬至
二月大壬申	初七戊寅　小寒	廿二癸巳　大寒
三月小壬寅	初七戊申　立春	廿三甲子　雨水
四月大辛未	初九己卯　驚蟄	廿四甲午　春分
五月小辛丑	初九己酉　清明	廿五乙丑　穀雨
六月大庚午	十一庚辰　立夏	廿六乙未　小滿
七月小庚子	十一庚戌　芒種	廿六乙丑　夏至
八月大己巳	十三辛巳　小暑	廿八丙申　大暑
九月小己亥	十三辛亥　立秋	廿八丙寅　處暑
十月大戊辰	十四辛巳　白露	三十丁酉　秋分
閏十月小戊戌	十五壬子　寒露	
十一月大丁卯	初一丁卯　霜降	十六壬午　立冬
十二月小丁酉	初二戊戌　小雪	十七癸丑　大雪
十二月朔大餘6,小餘390。大雪大餘22,小餘9。		

附：陳立公羊義疏引包氏曆譜

　經：二月癸酉朔,日有食之。

　包氏慎言云:"二月書癸酉朔,据曆,爲月之三日。"

　經：三月己巳,杞伯匄卒。

　包氏慎言云:"三月書己巳,月之三十日。"

205

經：己卯，仲孫遂卒。

包云："八月書己卯，月之十二日。"

經：十月乙亥，臧孫紇出奔邾婁。

包氏慎言云："十月書乙亥，月之九日。"

襄公二十四年

正月大丙寅	初三戊辰　冬至	十八癸未　小寒
二月大丙申	初三戊戌　大寒	十九甲寅　立春
三月小丙寅	初四己巳　雨水	十九甲申　驚蟄
四月大乙未	初五己亥　春分	廿一乙卯　清明
五月小乙丑	初六庚午　穀雨	廿一乙酉　立夏
六月大甲午	初七庚子　小滿	廿二乙卯　芒種
七月小甲子	初八辛未　夏至	廿三丙戌　小暑
八月大癸巳	初九辛丑　大暑	廿四丙辰　立秋
九月小癸亥	初十壬申　處暑	廿五丁亥　白露
十月大壬辰	十一壬寅　秋分	廿六丁巳　寒露
十一月小壬戌	十一壬申　霜降	廿七戊子　立冬
十二月大辛卯	十三癸卯　小雪	廿八戊午　大雪
十二月朔大餘無，小餘738。大雪大餘27，小餘17。		

襄公二十五年

正月小辛酉	十三癸酉　冬至	廿八戊子　小寒
二月大庚寅	十五甲辰　大寒	三十己未　立春
三月小庚申	十五甲戌　雨水	
四月大己丑	初一己丑　驚蟄	十七乙巳　春分
五月小己未	初二庚申　清明	十七乙亥　穀雨
六月大戊子	初三庚寅　立夏	十八乙巳　小滿
七月大戊午	初四辛酉　芒種	十九丙子　夏至
八月小戊子	初四辛卯　小暑	十九丙午　大暑
九月大丁巳	初六壬戌　立秋	廿一丁丑　處暑
十月小丁亥	初六壬辰　白露	廿一丁未　秋分
十一月大丙辰	初七壬戌　寒露	廿三戊寅　霜降
十二月小丙戌	初八癸巳　立冬	廿三戊申　小雪
十二月朔大餘55，小餘146。小雪大餘17，小餘18。		

附：陳立 公羊義疏引包氏曆譜

　　經：五月乙亥，齊崔杼弒其君光。

　　包氏慎言云："五月書乙亥，月之十八日。"

　　經：八月己巳，諸侯同盟于重丘。

　　包氏慎言云："八月無己巳，七月之十三日也。"

襄公二十六年

正月大乙卯	初九癸亥　大雪	廿五己卯　冬至
二月小乙酉	初十甲午　小寒	廿五己酉　大寒
三月大甲寅	十一甲子　立春	廿六己卯　雨水
四月小甲申	十二乙未　驚蟄	廿七庚戌　春分
五月大癸丑	十三乙丑　清明	廿八庚辰　穀雨
六月小癸未	十三乙未　立夏	廿九辛亥　小滿
七月大壬子	十五丙寅　芒種	三十辛巳　夏至
閏七月小壬午	十五丙申　小暑	
八月大辛亥	初二壬子　大暑	十七丁卯　立秋
九月小辛巳	初二壬午　處暑	十七丁酉　白露
十月大庚戌	初三壬子　秋分	十九戊辰　寒露
十一月大庚辰	初四癸未　霜降	十九戊戌　立冬
十二月小庚戌	初四癸丑　小雪	二十己巳　大雪
十二月朔大餘19，小餘53。大雪大餘38，小餘1。		

附：陳立公羊義疏引包氏曆譜

　　經：二月辛卯，衛甯喜弑其君剽。

　　包氏慎言云：“二月書辛卯，月之八日。”

　　經：甲午，衛侯衎復歸于衛。

　　包氏慎言云：“二月又有甲午，月之十一日。”

　　經：八月壬午，許男甯卒于楚。

　　包氏慎言云：“八月書壬午，月之二日。”

襄公二十七年

正月大己卯	初六甲申　冬至	廿一己亥　小寒
二月小己酉	初六甲寅　大寒	廿一己巳　立春
三月大戊寅	初八乙酉　雨水	廿三庚子　驚蟄
四月小戊申	初八乙卯　春分	廿三庚午　清明
五月大丁丑	初十丙戌　穀雨	廿五辛丑　立夏
六月小丁未	初十丙辰　小滿	廿五辛未　芒種
七月大丙子	十一丙戌　夏至	廿七壬寅　小暑
八月小丙午	十二丁巳　大暑	廿七壬申　立秋
九月大乙亥	十三丁亥　處暑	廿八壬寅　白露
十月小乙巳	十四戊午　秋分	廿九癸酉　寒露
十一月大甲戌	十五戊子　霜降	三十癸卯　立冬
十二月小甲辰	十六己未　小雪	
十二月朔大餘 13,小餘 401。小雪大餘 28,小餘 2。		

附: 陳立公羊義疏引包氏曆譜

經:七月辛巳,豹及諸侯之大夫盟于宋。

包氏慎言云:"七月書辛巳,月之六日。"

經:十二月乙亥朔,日有食之。

包氏慎言云:"十二月書乙亥朔,据曆,爲十一月。左氏傳在十一月,是也。傳云'辰在申,司曆過也,再失閏矣',此則左氏之誣。閏在前年,故此年申、戌之月皆乙亥朔。若如左氏刪去前閏,則爲未、酉月之朔,非辰在申也。姚秦時姜岌作三紀甲子曆,亦謂考交分，交會應在此月，而不爲再失閏，譏傳爲違謬。長曆曲附左氏，而於此年十一月後頓置兩閏，更爲無稽。竊意古曆經歲皆三百六十五日四分日之一，其小餘成日，至四年而增爲一百六十八，①爲閏年。二十六年，小餘已成日，至二十七年，小餘不滿日法，九月朔爲乙亥，不應三月頻大，十一月仍爲乙亥，故傳以爲再失閏。所謂閏者，即新法之閏年，別於整年而言也。三統誤會傳文，而以魯曆爲失閏月于前，故以傳之十一月爲九月耳。即謂時曆失閏，則此年之十一月爲十二月，如經所書，不得係乙亥朔爲十一月，既係十一月，是傳已增閏於前，以正時曆之失。杜氏又胡緣於左氏所增之外更增一閏乎?”

---

① 一百六十八，原作六十六，據殷曆改。

襄公二十八年

正月大癸酉	初二甲戌　大雪	十七己丑　冬至
二月大癸卯	初二甲辰　小寒	十七己未　大寒
三月小癸酉	初三乙亥　立春	十八庚寅　雨水
四月大壬寅	初四乙巳　驚蟄	十九庚申　春分
五月小壬申	初五丙子　清明	二十辛卯　穀雨
六月大辛丑	初六丙午　立夏	廿一辛酉　小滿
七月小辛未	初六丙子　芒種	廿二壬辰　夏至
八月大庚子	初八丁未　小暑	廿三壬戌　大暑
九月小庚午	初八丁丑　立秋	廿四癸巳　處暑
十月大己亥	初十戊申　白露	廿五癸亥　秋分
十一月小己巳	初十戊寅　寒露	廿五癸巳　霜降
十二月大戊戌	十二己酉　立冬	廿七甲子　小雪

十二月朔大餘 7，小餘 749。小雪大餘 33，小餘 10。

附：陳立公羊義疏引包氏曆譜

　　經：十有二月甲寅，天王崩。

　　包氏慎言云："十二月有甲寅，月之二十六日。"

襄公二十九年

正月小戊辰	十二己卯　大雪	廿七甲午　冬至
二月大丁酉	十三己酉　小寒	廿九乙丑　大寒
三月小丁卯	十四庚辰　立春	廿九乙未　雨水
閏三月大丙申	十五庚戌　驚蟄	
四月小丙寅	初一丙寅　春分	十六辛巳　清明
五月大乙未	初二丙申　穀雨	十七辛亥　立夏
六月大乙丑	初二丙寅　小滿	十八壬午　芒種
七月小乙未	初三丁酉　夏至	十八壬子　小暑
八月大甲子	初四丁卯　大暑	二十癸未　立秋
九月小甲午	初五戊戌　處暑	二十癸丑　白露
十月大癸亥	初六戊辰　秋分	廿一癸未　寒露
十一月小癸巳	初七己亥　霜降	廿二甲寅　立冬
十二月大壬戌	初八己巳　小雪	廿三甲申　大雪
十二月朔大餘31，小餘656。大雪大餘53，小餘25。		

襄公三十年

正月小壬辰	初九庚子　冬至	廿四乙卯　小寒
二月大辛酉	初十庚午　大寒	廿五乙酉　立春
三月小辛卯	初十庚子　雨水	廿六丙辰　驚蟄
四月大庚申	十二辛未　春分	廿七丙戌　清明
五月小庚寅	十二辛丑　穀雨	廿七丙辰　立夏
六月大己未	十四壬申　小滿	廿九丁亥　芒種
七月小己丑	十四壬寅　夏至	廿九丁巳　小暑
八月大戊午	十六癸酉　大暑	
九月大戊子	初一戊子　立秋	十六癸卯　處暑
十月小戊午	初一戊午　白露	十六癸酉　秋分
十一月大丁亥	初三己丑　寒露	十八甲辰　霜降
十二月小丁巳	初三己未　立冬	十八甲戌　小雪
十二月朔大餘 26,小餘 64。小雪大餘 43,小餘 26。		

附：陳立公羊義疏引包氏曆譜

　　經：五月甲午,宋災。

　　包氏慎言云:"五月有甲午,月之五日。"

襄公三十一年

正月大丙戌	初五庚寅　大雪	二十乙巳　冬至
二月小丙辰	初五庚申　小寒	二十乙亥　大寒
三月大乙酉	初六庚寅　立春	廿二丙午　雨水
四月小乙卯	初七辛酉　驚蟄	廿二丙子　春分
五月大甲申	初八辛卯　清明	廿四丁未　穀雨
六月小甲寅	初九壬戌　立夏	廿四丁丑　小滿
七月大癸未	初十壬辰　芒種	廿五丁未　夏至
八月小癸丑	十一癸亥　小暑	廿六戊寅　大暑
九月大壬午	十二癸巳　立秋	廿七戊申　處暑
十月小壬子	十二癸亥　白露	廿八己卯　秋分
十一月大辛巳	十四甲午　寒露	廿九己酉　霜降
閏十一月小辛亥	十四甲子　立冬	
十二月大庚辰	初一庚辰　小雪	十六乙未　大雪
十二月朔大餘49,小餘911。大雪大餘4,小餘9。		

附：陳立公羊義疏引包氏曆譜

經：六月辛巳,公薨于楚宮。

包氏慎言云:"辛巳,爲月之二十八日。"

經：九月癸巳,子野卒。己亥,仲孫羯卒。

包氏慎言云:"九月書癸巳,爲月之十二日。""九月書己亥,爲月之十八日。"

經：（十月）癸酉,葬我君襄公。

包氏慎言云:"十月書癸酉,月之二十二日。"

春秋公羊傳曆譜訂正九　昭公

昭公元年

正月大庚戌	初一庚戌　冬至	十六乙丑　小寒
二月小庚辰	初一庚辰　大寒	十七丙申　立春
三月大己酉	初三辛亥　雨水	十八丙寅　驚蟄
四月小己卯	初三辛巳　春分	十九丁酉　清明
五月大戊申	初五壬子　穀雨	二十丁卯　立夏
六月小戊寅	初五壬午　小滿	二十丁酉　芒種
七月大丁未	初七癸丑　夏至	廿二戊辰　小暑
八月小丁丑	初七癸未　大暑	廿二戊戌　立秋
九月大丙午	初九甲寅　處暑	廿四己巳　白露
十月小丙子	初九甲申　秋分	廿四己亥　寒露
十一月大乙巳	初十甲寅　霜降	廿六庚午　立冬
十二月小乙亥	十一乙酉　小雪	廿六庚子　大雪
十二月朔大餘44，小餘319。大雪大餘9，小餘17。		

附：陳立公羊義疏引包氏曆譜

　　經：六月丁巳，邾婁子華卒。

　　包氏慎言云：“六月有丁巳。据曆，七月之十一日、五月之十日。六月無丁巳也。”

　　經：十有一月己酉,楚子卷卒。
　　包氏慎言云:“十一月書己酉,月之十五日。”

昭公二年

正月大甲辰	十二乙卯　冬至	廿七庚午　小寒
二月小甲戌	十三丙戌　大寒	廿八辛丑　立春
三月大癸卯	十四丙辰　雨水	廿九辛未　驚蟄
四月小癸酉	十五丁亥　春分	
五月大壬寅	初一壬寅　清明	十六丁巳　穀雨
六月大壬申	初一壬申　立夏	十六丁亥　小滿
七月小壬寅	初二癸卯　芒種	十七戊午　夏至
八月大辛未	初三癸酉　小暑	十八戊子　大暑
九月小辛丑	初四甲辰　立秋	十九己未　處暑
十月大庚午	初五甲戌　白露	二十己丑　秋分
十一月小庚子	初五甲辰　寒露	廿一庚申　霜降
十二月大己巳	初七乙亥　立冬	廿二庚寅　小雪
十二月朔大餘38,小餘667。小雪大餘59,小餘18。		

昭公三年

正月小己亥	初七乙巳　大雪	廿三辛酉　冬至
二月大戊辰	初九丙子　小寒	廿四辛卯　大寒
三月小戊戌	初九丙午　立春	廿四辛酉　雨水
四月大丁卯	十一丁丑　驚蟄	廿六壬辰　春分
五月小丁酉	十一丁未　清明	廿六壬戌　穀雨
六月大丙寅	十二丁丑　立夏	廿八癸巳　小滿
七月小丙申	十三戊申　芒種	廿八癸亥　夏至
八月大乙丑	十四戊寅　小暑	三十甲午　大暑
九月大乙未	十五己酉　立秋	三十甲子　處暑
閏九月小乙丑	十五己卯　白露	
十月大甲午	初一甲午　秋分	十七庚戌　寒露
十一月小甲子	初二乙丑　霜降	十七庚辰　立冬
十二月大癸巳	初三乙未　小雪	十九辛亥　大雪
十二月朔大餘2,小餘574。大雪大餘20,小餘1。		

附：陳立公羊義疏引包氏曆譜

　　經：正月丁未,滕子泉卒。

　　包氏慎言云:"正月書丁未,月之十日。"

昭公四年

正月小癸亥	初四丙寅　冬至	十九辛巳　小寒
二月大壬辰	初五丙申　大寒	二十辛亥　立春
三月小壬戌	初六丁卯　雨水	廿一壬午　驚蟄
四月大辛卯	初七丁酉　春分	廿二壬子　清明
五月小辛酉	初八戊辰　穀雨	廿三癸未　立夏
六月大庚寅	初九戊戌　小滿	廿四癸丑　芒種
七月小庚申	初九戊辰　夏至	廿五甲申　小暑
八月大己丑	十一己亥　大暑	廿六甲寅　立秋
九月小己未	十一己巳　處暑	廿六甲申　白露
十月大戊子	十三庚子　秋分	廿八乙卯　寒露
十一月小戊午	十三庚午　霜降	廿八乙酉　立冬
十二月大丁亥	十五辛丑　小雪	三十丙辰　大雪
十二月朔大餘56,小餘922。大雪大餘25,小餘9。		

附：陳立公羊義疏引包氏曆譜

　　經：十有二月乙卯,叔孫豹卒。

　　包氏慎言云:“十二月有乙卯,月之三十日。”

昭公五年

正月大丁巳	十五辛未　冬至	三十丙戌　小寒
二月小丁亥	十五辛丑　大寒	
三月大丙辰	初二丁巳　立春	十七壬申　雨水
四月小丙戌	初二丁亥　驚蟄	十七壬寅　春分
五月大乙卯	初四戊午　清明	十九癸酉　穀雨
六月小乙酉	初四戊子　立夏	十九癸卯　小滿
七月大甲寅	初五戊午　芒種	廿一甲戌　夏至
八月小甲申	初六己丑　小暑	廿一甲辰　大暑
九月大癸丑	初七己未　立秋	廿三乙亥　處暑
十月小癸未	初八庚寅　白露	廿三乙巳　秋分
十一月大壬子	初九庚申　寒露	廿四乙亥　霜降
十二月小壬午	初十辛卯　立冬	廿五丙午　小雪
十二月朔大餘51，小餘330。小雪大餘15，小餘10。		

附：陳立公羊義疏引包氏曆譜

　　經：（七月）戊辰，叔弓帥師敗莒師于濆泉。

　　包氏慎言云：“七月書戊辰，月之十六日。”

昭公六年

正月大辛亥	十一辛酉　大雪	廿六丙子　冬至
二月小辛巳	十一辛卯　小寒	廿七丁未　大寒
三月大庚戌	十三壬戌　立春	廿八丁丑　雨水
四月大庚辰	十三壬辰　驚蟄	廿九戊申　春分
五月小庚戌	十四癸亥　清明	廿九戊寅　穀雨
六月大己卯	十五癸巳　立夏	三十戊申　小滿
閏六月小己酉	十六甲子　芒種	
七月大戊寅	初二己卯　夏至	十七甲午　小暑
八月小戊申	初二己酉　大暑	十八乙丑　立秋
九月大丁丑	初四庚辰　處暑	十九乙未　白露
十月小丁未	初四庚戌　秋分	十九乙丑　寒露
十一月大丙子	初六辛巳　霜降	廿一丙申　立冬
十二月小丙午	初六辛亥　小雪	廿一丙寅　大雪
十二月朔大餘 15,小餘 237。大雪大餘 35,小餘 25。		

昭公七年

正月大乙亥	初八壬午　冬至	廿三丁酉　小寒
二月小乙巳	初八壬子　大寒	廿三丁卯　立春
三月大甲戌	初九壬午　雨水	廿五戊戌　驚蟄
四月小甲辰	初十癸丑　春分	廿五戊辰　清明
五月大癸酉	十一癸未　穀雨	廿六戊戌　立夏
六月小癸卯	十二甲寅　小滿	廿七己巳　芒種
七月大壬申	十三甲申　夏至	廿八己亥　小暑
八月大壬寅	十四乙卯　大暑	廿九庚午　立秋
九月小壬申	十四乙酉　處暑	廿九庚子　白露
十月大辛丑	十五乙卯　秋分	
十一月小辛未	初一辛未　寒露	十六丙戌　霜降
十二月大庚子	初二辛丑　立冬	十七丙辰　小雪
十二月朔大餘 9，小餘 585。小雪大餘 25，小餘 26。		

附：陳立公羊義疏引包氏曆譜

　　經：四月甲辰朔，日有食之。

　　包氏慎言云："經書四月甲辰朔，据曆，爲月之三日。"

　　經：八月戊辰，衛侯惡卒。

　　包氏慎言云："八月書戊辰，月之二十九日。"

　　經：十有二月癸亥，葬衛襄公。

　　包氏慎言云："十二月書癸亥，月之二十六日。"

昭公八年

正月小庚午	初三壬申　大雪	十八丁亥　冬至
二月大己亥	初四壬寅　小寒	十九丁巳　大寒
三月小己巳	初四壬申　立春	二十戊子　雨水
四月大戊戌	初六癸卯　驚蟄	廿一戊午　春分
五月小戊辰	初六癸酉　清明	廿二己丑　穀雨
六月大丁酉	初八甲辰　立夏	廿三己未　小滿
七月小丁卯	初八甲戌　芒種	廿三己丑　夏至
八月大丙申	初十乙巳　小暑	廿五庚申　大暑
九月小丙寅	初十乙亥　立秋	廿五庚寅　處暑
十月大乙未	十一乙巳　白露	廿七辛酉　秋分
十一月小乙丑	十二丙子　寒露	廿七辛卯　霜降
十二月大甲午	十三丙午　立冬	廿九壬戌　小雪
正月小庚午	初三壬申　大雪	十八丁亥　冬至

十二月朔大餘 3，小餘 933。小雪大餘 31，小餘 2。

附：陳立公羊義疏引包氏曆譜

　　經：四月辛丑，陳侯溺卒。

　　包氏慎言云："四月有辛丑，月之五日。"

　　經：十月壬午，楚師滅陳。

　　包氏慎言云："十月書壬午，十月無壬午，十一月之二十一日。"

昭公九年

正月大甲子	十四丁丑　大雪	廿九壬辰　冬至
二月小甲午	十四丁未　小寒	廿九壬戌　大寒
閏二月大癸亥	十六戊寅　立春	
三月小癸巳	初一癸巳　雨水	十六戊申　驚蟄
四月大壬戌	初二癸亥　春分	十八己卯　清明
五月小壬辰	初三甲午　穀雨	十八己酉　立夏
六月大辛酉	初四甲子　小滿	十九己卯　芒種
七月小辛卯	初五乙未　夏至	二十庚戌　小暑
八月大庚申	初六乙丑　大暑	廿一庚辰　立秋
九月小庚寅	初七丙申　處暑	廿二辛亥　白露
十月大己未	初八丙寅　秋分	廿三辛巳　寒露
十一月小己丑	初八丙申　霜降	廿四壬子　立冬
十二月大戊午	初十丁卯　小雪	廿五壬午　大雪
十二月朔大餘 27，小餘 840。大雪大餘 51，小餘 17。		

昭公十年

正月小戊子	初十丁酉　冬至	廿五壬子　小寒
二月大丁巳	十二戊辰　大寒	廿七癸未　立春
三月大丁亥	十二戊戌　雨水	廿七癸丑　驚蟄
四月小丁巳	十三己巳　春分	廿八甲申　清明
五月大丙戌	十四己亥　穀雨	廿九甲寅　立夏
六月小丙辰	十四己巳　小滿	
七月大乙酉	初一乙酉　芒種	十六庚子　夏至
八月小乙卯	初一乙卯　小暑	十六庚午　大暑
九月大甲申	初三丙戌　立秋	十八辛丑　處暑
十月小甲寅	初三丙辰　白露	十八辛未　秋分
十一月大癸未	初四丙戌　寒露	二十壬寅　霜降
十二月小癸丑	初五丁巳　立冬	二十壬申　小雪
十二月朔大餘22，小餘248。小雪大餘41，小餘18。		

附：陳立公羊義疏引包氏曆譜

　　經：戊子，晉侯彪卒。

　　包氏慎言云："七月書戊子，月之七日。"

昭公十一年

正月大壬午	初六丁亥　大雪	廿二癸卯　冬至
二月小壬子	初七戊午　小寒	廿二癸酉　大寒
三月大辛巳	初八戊子　立春	廿三癸卯　雨水
四月小辛亥	初九己未　驚蟄	廿四甲戌　春分
五月大庚辰	初十己丑　清明	廿五甲辰　穀雨
六月小庚戌	初十己未　立夏	廿六乙亥　小滿
七月大己卯	十二庚寅　芒種	廿七乙巳　夏至
八月大己酉	十二庚申　小暑	廿八丙子　大暑
九月小己卯	十三辛卯　立秋	廿八丙午　處暑
十月大戊申	十四辛酉　白露	廿九丙子　秋分
閏十月小戊寅	十五壬辰　寒露	
十一月大丁未	初一丁未　霜降	十六壬戌　立冬
十二月小丁丑	初一丁丑　小雪	十七癸巳　大雪
十二月朔大餘46,小餘155。大雪大餘2,小餘1。		

附：陳立 公羊義疏引包氏曆譜

　　經：四月丁巳,楚子 虔誘蔡侯般。

　　包氏慎言云:"四月有丁巳,月之十日。"

　　經：五月甲申,夫人歸氏薨。

　　包氏慎言云:"五月有甲申,月之八日。"

經：九月己亥，葬我小君齊歸。

包氏慎言云："九月有己亥，月之二十五日。"

經：十有一月丁酉，楚師滅蔡。

包氏慎言云："十一月有丁酉，月之二十三日。"

昭公十二年

正月大丙午	初三戊申　冬至	十八癸亥　小寒
二月小丙子	初三戊寅　大寒	十八癸巳　立春
三月大乙巳	初五己酉　雨水	二十甲子　驚蟄
四月小乙亥	初五己卯　春分	二十甲午　清明
五月大甲辰	初七庚戌　穀雨	廿二乙丑　立夏
六月小甲戌	初七庚辰　小滿	廿二乙未　芒種
七月大癸卯	初八庚戌　夏至	廿四丙寅　小暑
八月小癸酉	初九辛巳　大暑	廿四丙申　立秋
九月大壬寅	初十辛亥　處暑	廿五丙寅　白露
十月大壬申	十一壬午　秋分	廿六丁酉　寒露
十一月小壬寅	十一壬子　霜降	廿六丁卯　立冬
十二月大辛未	十三癸未　小雪	廿八戊戌　大雪
十二月朔大餘40,小餘503。大雪大餘7,小餘9。		

附：陳立公羊義疏引包氏曆譜

　　經：三月壬申,鄭伯嘉卒。

　　包氏慎言云:"三月書壬申,据曆,爲四月朔。正月之二十九日,亦壬申。經於夏五月書葬鄭簡公,簡公以四月卒,即以五月葬,在慢葬之例,宜書日,而經不書日者,同於當時不日之例,則三月之卒,當在正月。"

昭公十三年

正月小辛丑	十三癸丑　冬至	廿八戊辰　小寒
二月大庚午	十四癸未　大寒	三十己亥　立春
三月小庚子	十五甲寅　雨水	
四月大己巳	初一己巳　驚蟄	十六甲申　春分
五月小己亥	初二庚子　清明	十七乙卯　穀雨
六月大戊辰	初三庚午　立夏	十八乙酉　小滿
七月小戊戌	初三庚子　芒種	十九丙辰　夏至
八月大丁卯	初五辛未　小暑	二十丙戌　大暑
九月小丁酉	初五辛丑　立秋	廿一丁巳　處暑
十月大丙寅	初七壬申　白露	廿二丁亥　秋分
十一月小丙申	初七壬寅　寒露	廿二丁巳　霜降
十二月大乙丑	初九癸酉　立冬	廿四戊子　小雪
正月小辛丑	十三癸丑　冬至	廿八戊辰　小寒
十二月朔大餘34,小餘851。小雪大餘57,小餘10。		

附：陳立公羊義疏引包氏曆譜

　　經：八月甲戌,同盟于平丘。

　　包氏慎言云:"八月書甲戌,月之十日。"

昭公十四年

正月小乙未	初九癸卯　大雪	廿四戊午　冬至
二月大甲子	初十癸酉　小寒	廿六己丑　大寒
三月大甲午	十一甲辰　立春	廿六己未　雨水
四月小甲子	十一甲戌　驚蟄	廿七庚寅　春分
五月大癸巳	十三乙巳　清明	廿八庚申　穀雨
六月小癸亥	十三乙亥　立夏	廿八庚寅　小滿
七月大壬辰	十五丙午　芒種	三十辛酉　夏至
閏七月小壬戌	十五丙子　小暑	
八月大辛卯	初一辛卯　大暑	十七丁未　立秋
九月小辛酉	初二壬戌　處暑	十七丁丑　白露
十月大庚寅	初三壬辰　秋分	十八丁未　寒露
十一月小庚申	初四癸亥　霜降	十九戊寅　立冬
十二月大己丑	初五癸巳　小雪	二十戊申　大雪
十二月朔大餘 58，小餘 758。大雪大餘 17，小餘 25。		

231

昭公十五年

正月小己未	初六甲子　冬至	廿一己卯　小寒
二月大戊子	初七甲午　大寒	廿二己酉　立春
三月小戊午	初七甲子　雨水	廿三庚辰　驚蟄
四月大丁亥	初九乙未　春分	廿四庚戌　清明
五月小丁巳	初九乙丑　穀雨	廿四庚辰　立夏
六月大丙戌	十一丙申　小滿	廿六辛亥　芒種
七月大丙辰	十一丙寅　夏至	廿六辛巳　小暑
八月小丙戌	十二丁酉　大暑	廿七壬子　立秋
九月大乙卯	十三丁卯　處暑	廿八壬午　白露
十月小乙酉	十三丁酉　秋分	廿九癸丑　寒露
十一月大甲寅	十五戊辰　霜降	三十癸未　立冬
十二月小甲申	十五戊戌　小雪	
正月小己未	初六甲子　冬至	廿一己卯　小寒

十二月朔大餘 53，小餘 166。小雪大餘 7，小餘 26。

附：陳立公羊義疏引包氏曆譜

經：二月癸酉，有事于武宮。

包氏慎言云："二月書癸酉，据曆，二月無癸酉，正月之十七日也。"

經：六月丁巳朔，日有食之。

包氏慎言云："六月書丁巳朔，据曆，爲月之三日。劉歆以爲三月。"

昭公十六年

正月大癸丑	初二甲寅　大雪	十七己巳　冬至
二月小癸未	初二甲申　小寒	十七己亥　大寒
三月大壬子	初三甲寅　立春	十九庚午　雨水
四月小壬午	初四乙酉　驚蟄	十九庚子　春分
五月大辛亥	初五乙卯　清明	廿一辛未　穀雨
六月小辛巳	初六丙戌　立夏	廿一辛丑　小滿
七月大庚戌	初七丙辰　芒種	廿二辛未　夏至
八月小庚辰	初八丁亥　小暑	廿三壬寅　大暑
九月大己酉	初九丁巳　立秋	廿四壬申　處暑
十月大己卯	初九丁亥　白露	廿五癸卯　秋分
十一月小己酉	初十戊午　寒露	廿五癸酉　霜降
十二月大戊寅	十一戊子　立冬	廿七甲辰　小雪
十二月朔大餘 47，小餘 514。小雪大餘 13，小餘 2。		

附：陳立公羊義疏引包氏曆譜

　　經：八月己亥，晉侯夷卒。

　　包氏慎言云："八月有己亥，月之十日。"

昭公十七年

正月小戊申	十二己未　大雪	廿七甲戌　冬至
二月大丁丑	十三己丑　小寒	廿八甲辰　大寒
三月小丁未	十四庚申　立春	廿九乙亥　雨水
四月大丙子	十五庚寅　驚蟄	三十乙巳　春分
閏四月小丙午	十六辛酉　清明	
五月大乙亥	初二丙子　穀雨	十七辛卯　立夏
六月小乙巳	初二丙午　小滿	十七辛酉　芒種
七月大甲戌	初四丁丑　夏至	十九壬辰　小暑
八月小甲辰	初四丁未　大暑	十九壬戌　立秋
九月大癸酉	初六戊寅　處暑	廿一癸巳　白露
十月小癸卯	初六戊申　秋分	廿一癸亥　寒露
十一月大壬申	初七戊寅　霜降	廿三甲午　立冬
十二月小壬寅	初八己酉　小雪	廿三甲子　大雪
十二月朔大餘11，小餘421。大雪大餘33，小餘17。		

昭公十八年

正月大辛未	初九己卯　冬至	廿四甲午　小寒
二月大辛丑	初十庚戌　大寒	廿五乙丑　立春
三月小辛未	初十庚辰　雨水	廿五乙未　驚蟄
四月大庚子	十二辛亥　春分	廿七丙寅　清明
五月小庚午	十二辛巳　穀雨	廿七丙申　立夏
六月大己亥	十三辛亥　小滿	廿九丁卯　芒種
七月小己巳	十四壬午　夏至	廿九丁酉　小暑
八月大戊戌	十五壬子　大暑	
九月小戊辰	初一戊辰　立秋	十六癸未　處暑
十月大丁酉	初二戊戌　白露	十七癸丑　秋分
十一月小丁卯	初二戊辰　寒露	十八甲申　霜降
十二月大丙申	初四己亥　立冬	十九甲寅　小雪
十二月朔大餘 5,小餘 769。小雪大餘 23,小餘 18。		

附：陳立公羊義疏引包氏曆譜

　　經：五月壬午,宋、衛、陳、鄭災。

　　包氏慎言云:"五月有壬午,月之十五日。"

昭公十九年

正月小丙寅	初四己巳　大雪	二十乙酉　冬至
二月大乙未	初六庚子　小寒	廿一乙卯　大寒
三月小乙丑	初六庚午　立春	廿一乙酉　雨水
四月大甲午	初八辛丑　驚蟄	廿三丙辰　春分
五月大甲子	初八辛未　清明	廿三丙戌　穀雨
六月小甲午	初八辛丑　立夏	廿四丁巳　小滿
七月大癸亥	初十壬申　芒種	廿五丁亥　夏至
八月小癸巳	初十壬寅　小暑	廿六戊午　大暑
九月大壬戌	十二癸酉　立秋	廿七戊子　處暑
十月小壬辰	十二癸卯　白露	廿七戊午　秋分
十一月大辛酉	十四甲戌　寒露	廿九己丑　霜降
十二月小辛卯	十四甲辰　立冬	廿九己未　小雪
閏十二月大庚申	十六乙亥　大雪	
閏十二月朔大餘 29，小餘 676。大雪大餘 44，小餘 1。		

附：陳立公羊義疏引包氏曆譜

經：五月戊辰，許世子止弒其君買。己卯，地震。

包氏慎言云："五月有戊辰，月之七日。下又書己卯，月之十八日。"

昭公二十年

正月小庚寅	初一庚寅　冬至	十六乙巳　小寒
二月大己未	初二庚申　大寒	十七乙亥　立春
三月小己丑	初三辛卯　雨水	十八丙午　驚蟄
四月大戊午	初四辛酉　春分	十九丙子　清明
五月小戊子	初五壬辰　穀雨	二十丁未　立夏
六月大丁巳	初六壬戌　小滿	廿一丁丑　芒種
七月小丁亥	初六壬辰　夏至	廿二戊申　小暑
八月大丙辰	初八癸亥　大暑	廿三戊寅　立秋
九月大丙戌	初八癸巳　處暑	廿三戊申　白露
十月小丙辰	初九甲子　秋分	廿四己卯　寒露
十一月大乙酉	初十甲午　霜降	廿五己酉　立冬
十二月小乙卯	十一乙丑　小雪	廿六庚辰　大雪
十二月朔大餘24，小餘84。大雪大餘49，小餘9。		

附：陳立公羊義疏引包氏曆譜

經：十有一月辛卯，蔡侯盧卒。

包氏慎言云：“十一月有辛卯，月之七日。”

昭公二十一年

正月大甲申	十二乙未　冬至	廿七庚戌　小寒
二月小甲寅	十二乙丑　大寒	廿八辛巳　立春
三月大癸未	十四丙申　雨水	廿九辛亥　驚蟄
四月小癸丑	十四丙寅　春分	三十壬午　清明
五月大壬午	十六丁酉　穀雨	
六月小壬子	初一壬子　立夏	十六丁卯　小滿
七月大辛巳	初二壬午　芒種	十八戊戌　夏至
八月小辛亥	初三癸丑　小暑	十八戊辰　大暑
九月大庚辰	初四癸未　立秋	二十己亥　處暑
十月小庚戌	初五甲寅　白露	二十己巳　秋分
十一月大己卯	初六甲申　寒露	廿一己亥　霜降
十二月小己酉	初七乙卯　立冬	廿二庚午　小雪
十二月朔大餘18，小餘432。小雪大餘39，小餘10。		

附：陳立 公羊義疏引包氏 曆譜

經：八月乙亥，叔痤卒。

包氏慎言云：“八月有乙亥，月之十五日。”

昭公二十二年

正月大戊寅	初八乙酉　大雪	廿三庚子　冬至
二月大戊申	初八乙卯　小寒	廿四辛未　大寒
三月小戊寅	初九丙戌　立春	廿四辛丑　雨水
四月大丁未	初十丙辰　驚蟄	廿六壬申　春分
五月小丁丑	十一丁亥　清明	廿六壬寅　穀雨
六月大丙午	十二丁巳　立夏	廿七壬申　小滿
七月小丙子	十三戊子　芒種	廿八癸卯　夏至
八月大乙巳	十四戊午　小暑	廿九癸酉　大暑
閏八月小乙亥	十五己丑　立秋	
九月大甲辰	初一甲辰　處暑	十六己未　白露
十月小甲戌	初一甲戌　秋分	十六己丑　寒露
十一月大癸卯	初三乙巳　霜降	十八庚申　立冬
十二月小癸酉	初三乙亥　小雪	十八庚寅　大雪
十二月朔大餘 42，小餘 339。大雪大餘 59，小餘 25。		

附：陳立公羊義疏引包氏曆譜

經：四月乙丑，天王崩。

包氏慎言云："四月有乙丑，月之十九日。"

經：十二月癸酉朔，日有食之。

包氏慎言云："十二月書癸酉朔，据曆，爲月之二日。大十一月，十二月朔即爲癸酉，小餘不足二十分。劉孝孫推春秋日食，亦以癸酉爲朔日，或藉後歲之分以成日也。一行大衍曆以爲十二月癸酉朔，入食限。元史云'杜預以爲癸卯，非是'，五行志劉歆以爲十月楚、鄭分。"

昭公二十三年

正月大壬寅	初五丙午　冬至	二十辛酉　小寒
二月小壬申	初五丙子　大寒	二十辛卯　立春
三月大辛丑	初六丙午　雨水	廿二壬戌　驚蟄
四月大辛未	初七丁丑　春分	廿二壬辰　清明
五月小辛丑	初七丁未　穀雨	廿二壬戌　立夏
六月大庚午	初九戊寅　小滿	廿四癸巳　芒種
七月小庚子	初九戊申　夏至	廿四癸亥　小暑
八月大己巳	十一己卯　大暑	廿六甲午　立秋
九月小己亥	十一己酉　處暑	廿六甲子　白露
十月大戊辰	十二己卯　秋分	廿八乙未　寒露
十一月小戊戌	十三庚戌　霜降	廿八乙丑　立冬
十二月大丁卯	十四庚辰　小雪	三十丙申　大雪
十二月朔大餘 36，小餘 687。大雪大餘 5，小餘 1。		

附：陳立公羊義疏引包氏曆譜

經：癸丑，叔鞅卒。

包氏慎言云：“正月有癸丑，月之十三日。”

經：(七月)戊辰，吳敗頓、胡、沈、蔡、陳、許之師于雞父。

包氏慎言云：“七月有戊辰，月之三十日。”

經：八月乙未，地震。

包氏慎言云：“八月書乙未，月之二十七日。”

昭公二十四年

正月小丁酉	十五辛亥　冬至	
二月大丙寅	初一丙寅　小寒	十六辛巳　大寒
三月小丙申	初一丙申　立春	十七壬子　雨水
四月大乙丑	初三丁卯　驚蟄	十八壬午　春分
五月小乙未	初三丁酉　清明	十九癸丑　穀雨
六月大甲子	初五戊辰　立夏	二十癸未　小滿
七月小甲午	初五戊戌　芒種	二十癸丑　夏至
八月大癸亥	初七己巳　小暑	廿二甲申　大暑
九月大癸巳	初七己亥　立秋	廿二甲寅　處暑
十月小癸亥	初七己巳　白露	廿三乙酉　秋分
十一月大壬辰	初九庚子　寒露	廿四乙卯　霜降
十二月小壬戌	初九庚午　立冬	廿五丙戌　小雪
十二月朔大餘 31，小餘 95。小雪大餘 55，小餘 2。		

附：<u>陳立</u>公羊義疏引包氏曆譜

　　經：五月乙未朔，日有食之。

　　<u>包氏</u>慎言云：“五月書乙未朔，据曆，爲二日。先藉後月之小餘，大三四兩月，五月朔亦爲乙未。<u>劉孝孫</u>甲子元曆云：‘以月行遲疾定合朔，欲會辰必在朔，不在晦與二日，縱頻月一小三大，得天之統。蓋謂此也。”

昭公二十五年

正月大辛卯	十一辛丑　大雪	廿六丙辰　冬至
二月小辛酉	十一辛未　小寒	廿六丙戌　大寒
三月大庚寅	十三壬寅　立春	廿八丁巳　雨水
四月小庚申	十三壬申　驚蟄	廿八丁亥　春分
五月大己丑	十五癸卯　清明	三十戊午　穀雨
閏五月小己未	十五癸酉　立夏	
六月大戊子	初一戊子　小滿	十六癸卯　芒種
七月小戊午	初二己未　夏至	十七甲戌　小暑
八月大丁亥	初三己丑　大暑	十八甲辰　立秋
九月小丁巳	初四庚申　處暑	十九乙亥　白露
十月大丙戌	初五庚寅　秋分	二十乙巳　寒露
十一月大丙辰	初五庚申　霜降	廿一丙子　立冬
十二月小丙戌	初六辛卯　小雪	廿一丙午　大雪
十二月朔大餘 55，小餘 2。大雪大餘 15，小餘 17。		

附：陳立公羊義疏引包氏曆譜

　　經：九月己亥，公孫于齊。

　　包氏慎言云：“九月書乙亥，月之二十日。左氏作己亥，則為八月四日。”

　　經：十月戊辰，叔孫舍卒。

　　包氏慎言云：“十月無戊辰，十一月之四日為戊辰。”

經：十有一月己亥，宋公佐卒于曲棘。

包氏慎言云："十一月無己亥，十二月之十六日。如左氏，則十月、十二月皆不誤，惟八月誤作九月。依公、穀，十月之戊辰當爲戊戌，十一月己亥當爲己巳。"

昭公二十六年

正月大乙卯	初七辛酉　冬至	廿二丙子　小寒
二月小乙酉	初八壬辰　大寒	廿三丁未　立春
三月大甲寅	初九壬戌　雨水	廿四丁丑　驚蟄
四月小甲申	初十癸巳　春分	廿五戊申　清明
五月大癸丑	十一癸亥　穀雨	廿六戊寅　立夏
六月小癸未	十一癸巳　小滿	廿七己酉　芒種
七月大壬子	十三甲子　夏至	廿八己卯　小暑
八月小壬午	十三甲午　大暑	廿九庚戌　立秋
九月大辛亥	十五乙丑　處暑	三十庚辰　白露
十月小辛巳	十五乙未　秋分	
十一月大庚戌	初一庚戌　寒露	十七丙寅　霜降
十二月小庚辰	初二辛巳　立冬	十七丙申　小雪

十二月朔大餘 49，小餘 350。小雪大餘 5，小餘 18。

附：陳立公羊義疏引包氏曆譜

經：九月庚申，楚子居卒。

包氏慎言云："九月有庚申，月之十一日。"

昭公二十七年

正月大己酉	初三辛亥　大雪	十九丁卯　冬至
二月小己卯	初四壬午　小寒	十九丁酉　大寒
三月大戊申	初五壬子　立春	二十丁卯　雨水
四月大戊寅	初六癸未　驚蟄	廿一戊戌　春分
五月小戊申	初六癸丑　清明	廿一戊辰　穀雨
六月大丁丑	初七癸未　立夏	廿三己亥　小滿
七月小丁未	初八甲寅　芒種	廿三己巳　夏至
八月大丙子	初九甲申　小暑	廿五庚子　大暑
九月小丙午	初十乙卯　立秋	廿五庚午　處暑
十月大乙亥	十一乙酉　白露	廿六庚子　秋分
十一月小乙巳	十二丙辰　寒露	廿七辛未　霜降
十二月大甲戌	十三丙戌　立冬	廿八辛丑　小雪
十二月朔大餘43，小餘698。小雪大餘10，小餘26。		

昭公二十八年

正月小甲辰	十四丁巳　大雪	廿九壬申　冬至
二月大癸酉	十五丁亥　小寒	三十壬寅　大寒
閏二月小癸卯	十五丁巳　立春	
三月大壬申	初二癸酉　雨水	十七戊子　驚蟄
四月小壬寅	初二癸卯　春分	十七戊午　清明
五月大辛未	初四甲戌　穀雨	十九己丑　立夏
六月小辛丑	初四甲辰　小滿	十九己未　芒種
七月大庚午	初五甲戌　夏至	廿一庚寅　小暑
八月大庚子	初六乙巳　大暑	廿一庚申　立秋
九月小庚午	初六乙亥　處暑	廿一庚寅　白露
十月大己亥	初八丙午　秋分	廿三辛酉　寒露
十一月小己巳	初八丙子　霜降	廿三辛卯　立冬
十二月大戊戌	初十丁未　小雪	廿五壬戌　大雪
十二月朔大餘7,小餘605。大雪大餘31,小餘9。		

附：陳立公羊義疏引包氏曆譜

經：四月丙戌,鄭伯甯卒。

包氏慎言云:"正月三十日辛未,冬至宜壬申,然正月無中氣,退閏于前年十二月,則冬至在正月朔日,而四月不得有丙戌,故縮冬至于正月晦日。四月經有丙戌,月之十六日。"

經：七月癸巳,滕子甯卒。

包氏慎言云:"七月有癸巳,月之十五日。"

昭公二十九年

正月小戊辰	初十丁丑　冬至	廿五壬辰　小寒
二月大丁酉	十一丁未　大寒	廿七癸亥　立春
三月小丁卯	十二戊寅　雨水	廿七癸巳　驚蟄
四月大丙申	十三戊申　春分	廿九甲子　清明
五月小丙寅	十四己卯　穀雨	廿九甲午　立夏
六月大乙未	十五己酉　小滿	三十甲子　芒種
七月小乙丑	十六庚辰　夏至	
八月大甲午	初二乙未　小暑	十七庚戌　大暑
九月小甲子	初二乙丑　立秋	十八辛巳　處暑
十月大癸巳	初四丙申　白露	十九辛亥　秋分
十一月大癸亥	初四丙寅　寒露	十九辛巳　霜降
十二月小癸巳	初五丁酉　立冬	二十壬子　小雪
十二月朔大餘2，小餘13。小雪大餘21，小餘10。		

附：陳立公羊義疏引包氏曆譜

　經：四月庚子，叔倪卒。

　包氏慎言云：“四月有庚子，月之六日。”

昭公三十年

正月大壬戌	初六丁卯　大雪	廿一壬午　冬至
二月小壬辰	初六丁酉　小寒	廿二癸丑　大寒
三月大辛酉	初八戊辰　立春	廿三癸未　雨水
四月小辛卯	初八戊戌　驚蟄	廿四甲寅　春分
五月大庚申	初十己巳　清明	廿五甲申　穀雨
六月小庚寅	初十己亥　立夏	廿五甲寅　小滿
七月大己未	十二庚午　芒種	廿七乙酉　夏至
八月小己丑	十二庚子　小暑	廿七乙卯　大暑
九月大戊午	十四辛未　立秋	廿九丙戌　處暑
十月小戊子	十四辛丑　白露	廿九丙辰　秋分
閏十月大丁巳	十五辛未　寒露	
十一月小丁亥	初一丁亥　霜降	十六壬寅　立冬
十二月大丙辰	初二丁巳　小雪	十七壬申　大雪
十二月朔大餘25，小餘860。大雪大餘41，小餘25。		

附：陳立公羊義疏引包氏曆譜

　　經：六月庚辰，晉侯去疾卒。

　　包氏慎言云：“六月書庚辰，月之二十三日。”

昭公三十一年

正月小丙戌	初三戊子　冬至	十八癸卯　小寒
二月大乙卯	初四戊午　大寒	十九癸酉　立春
三月大乙酉	初四戊子　雨水	二十甲辰　驚蟄
四月小乙卯	初五己未　春分	二十甲戌　清明
五月大甲申	初六己丑　穀雨	廿一甲辰　立夏
六月小甲寅	初七庚申　小滿	廿二乙亥　芒種
七月大癸未	初八庚寅　夏至	廿三乙巳　小暑
八月小癸丑	初九辛酉　大暑	廿四丙子　立秋
九月大壬午	初十辛卯　處暑	廿五丙午　白露
十月小壬子	初十辛酉　秋分	廿六丁丑　寒露
十一月大辛巳	十二壬辰　霜降	廿七丁未　立冬
十二月小辛亥	十二壬戌　小雪	廿八戊寅　大雪
十二月朔大餘 20，小餘 268。大雪大餘 47，小餘 1。		

附：陳立公羊義疏引包氏曆譜

　　經：四月丁巳，薛伯穀卒。

　　包氏慎言云："四月有丁巳，月之四日。"

　　經：十有二月辛亥朔，日有食之。

　　包氏慎言云："十二月書辛亥，据曆，爲二日。大月，則十二月朔亦爲辛亥，然少餘不得歲增二日。劉歆亦以爲月之二日。"

昭公三十二年

正月大庚辰	十四癸巳　冬至	廿九戊申　小寒
二月小庚戌	十四癸亥　大寒	廿九戊寅　立春
三月大己卯	十六甲午　雨水	
四月小己酉	初一己酉　驚蟄	十六甲子　春分
五月大戊寅	初二己卯　清明	十八乙未　穀雨
六月大戊申	初三庚戌　立夏	十八乙丑　小滿
七月小戊寅	初三庚辰　芒種	十八乙未　夏至
八月大丁未	初五辛亥　小暑	二十丙寅　大暑
九月小丁丑	初五辛巳　立秋	二十丙申　處暑
十月大丙午	初六辛亥　白露	廿二丁卯　秋分
十一月小丙子	初七壬午　寒露	廿二丁酉　霜降
十二月大乙巳	初八壬子　立冬	廿四戊辰　小雪
十二月朔大餘 14，小餘 616。小雪大餘 37，小餘 2。		

附：陳立公羊義疏引包氏曆譜

經：十有二月己未，公薨于乾侯。

包氏慎言云：“十二月書己未，月之十七日。”

春秋公羊傳曆譜訂正十　定公

定公元年

正月小乙亥	初九癸未　大雪	廿四戊戌　冬至
二月大甲辰	初十癸丑　小寒	廿五戊辰　大寒
三月小甲戌	十一甲申　立春	廿六己亥　雨水
四月大癸卯	十二甲寅　驚蟄	廿七己巳　春分
五月小癸酉	十三乙酉　清明	廿八庚子　穀雨
六月大壬寅	十四乙卯　立夏	廿九庚午　小滿
閏六月小壬申	十四乙酉　芒種	
七月大辛丑	初一辛丑　夏至	十六丙辰　小暑
八月小辛未	初一辛未　大暑	十六丙戌　立秋
九月大庚子	初三壬寅　處暑	十八丁巳　白露
十月大庚午	初三壬申　秋分	十八丁亥　寒露
十一月小庚子	初三壬寅　霜降	十九戊午　立冬
十二月大己巳	初五癸酉　小雪	二十戊子　大雪

十二月朔大餘 38，小餘 523。大雪大餘 57，小餘 17。

附：<u>陳立</u><u>公羊義疏</u>引<u>包氏</u><u>曆譜</u>

經：六月癸亥，君之喪至自<u>乾侯</u>。戊辰，公即位。

包氏慎言云:"六月有癸亥,月之二十八日。""六月又書戊辰即位,月之二十八日。"

經:"七月癸巳,葬我君昭公。"
包氏慎言云:"七月有癸巳,月之二十四日。"

定公二年

正月小己亥	初五癸卯　冬至	二十戊午　小寒
二月大戊辰	初七甲戌　大寒	廿二己丑　立春
三月小戊戌	初七甲辰　雨水	廿二己未　驚蟄
四月大丁卯	初九乙亥　春分	廿四庚寅　清明
五月小丁酉	初九乙巳　穀雨	廿四庚申　立夏
六月大丙寅	初十乙亥　小滿	廿六辛卯　芒種
七月小丙申	十一丙午　夏至	廿六辛酉　小暑
八月大乙丑	十二丙子　大暑	廿八壬辰　立秋
九月小乙未	十三丁未　處暑	廿八壬戌　白露
十月大甲子	十三丁丑　秋分	廿九壬辰　寒露
十一月小甲午	十五戊申　霜降	
十二月大癸亥	初一癸亥　立冬	十六戊寅　小雪
正月小己亥	初五癸卯　冬至	二十戊午　小寒

十二月朔大餘 32，小餘 871。小雪大餘 47，小餘 18。

附：陳立公羊義疏引包氏曆譜

　　經：五月壬辰，雉門及兩觀災。

　　包氏慎言云：“五月無壬辰，四月之二十七日。”

定公三年

正月小癸巳	初一癸巳　大雪	十七己酉　冬至
二月大壬戌	初三甲子　小寒	十八己卯　大寒
三月大壬辰	初三甲午　立春	十八己酉　雨水
四月小壬戌	初四乙丑　驚蟄	十九庚辰　春分
五月大辛卯	初五乙未　清明	二十庚戌　穀雨
六月小辛酉	初五乙丑　立夏	廿一辛巳　小滿
七月大庚寅	初七丙申　芒種	廿二辛亥　夏至
八月小庚申	初七丙寅　小暑	廿三壬午　大暑
九月大己丑	初九丁酉　立秋	廿四壬子　處暑
十月小己未	初九丁卯　白露	廿四壬午　秋分
十一月大戊子	十一戊戌　寒露	廿六癸丑　霜降
十二月小戊午	十一戊辰　立冬	廿六癸未　小雪
十二月朔大餘 27，小餘 279。小雪大餘 52，小餘 26。		

附：陳立公羊義疏引包氏曆譜

　　經：三月辛卯，邾婁子穿卒。

　　包氏慎言云：“三月有辛卯，月之朔日。”

定公四年

正月大丁亥	十三己亥　大雪	廿八甲寅　冬至
二月小丁巳	十三己巳　小寒	廿八甲申　大寒
三月大丙戌	十四己亥　立春	三十乙卯　雨水
閏三月小丙辰	十五庚午　驚蟄	
四月大乙酉	初一乙酉　春分	十六庚子　清明
五月大乙卯	初二丙辰　穀雨	十七辛未　立夏
六月小乙酉	初二丙戌　小滿	十七辛丑　芒種
七月大甲寅	初三丙辰　夏至	十九壬申　小暑
八月小甲申	初四丁亥　大暑	十九壬寅　立秋
九月大癸丑	初五丁巳　處暑	二十壬申　白露
十月小癸未	初六戊子　秋分	廿一癸卯　寒露
十一月大壬子	初七戊午　霜降	廿二癸酉　立冬
十二月小壬午	初八己丑　小雪	廿三甲辰　大雪

十二月朔大餘 51，小餘 186。大雪大餘 13，小餘 9。

附：陳立公羊義疏引包氏曆譜

　　經：二月癸巳，陳侯吳卒。

　　包氏慎言云：“二月無癸巳，据曆，三月之九日、正月之八日也。”

　　經：四月庚辰，蔡公孫歸姓帥師滅沈。

　　包氏慎言云：“四月書庚辰，月之二十六日。”

經：十有一月庚午，蔡侯以吳子及楚人戰于伯莒。

包氏慎言云：“十一月書庚午，月之二十日。”

經：（十一月）庚辰，吳入楚。

包氏慎言云：“十一月書庚辰，月之三十日。”

定公五年

正月大辛亥	初九己未　冬至	廿四甲戌　小寒
二月小辛巳	初九己丑　大寒	廿五乙巳　立春
三月大庚戌	十一庚申　雨水	廿六乙亥　驚蟄
四月小庚辰	十一庚寅　春分	廿七丙午　清明
五月大己酉	十三辛酉　穀雨	廿八丙子　立夏
六月小己卯	十三辛卯　小滿	廿八丙午　芒種
七月大戊申	十五壬戌　夏至	三十丁丑　小暑
八月小戊寅	十五壬辰　大暑	
九月大丁未	初一丁未　立秋	十七癸亥　處暑
十月大丁丑	初二戊寅　白露	十七癸巳　秋分
十一月小丁未	初二戊申　寒露	十七癸亥　霜降
十二月大丙子	初四己卯　立冬	十九甲午　小雪
十二月朔大餘 45，小餘 534。小雪大餘 3，小餘 10。		

附：陳立公羊義疏引包氏曆譜

經：正月辛亥朔，日有食之。

包氏慎言云：“正月書辛亥朔，左傳作三月，劉歆以爲正月二日，則劉氏所据左氏作正月也。”

經：六月丙申，季孫隱如卒。

包氏慎言云：“六月書丙申，月之十九日。”

經：七月壬子，叔孫不敢卒。

包氏慎言云：“七月書壬子，月之四日。”

定公六年

正月小丙午	初四己酉　大雪	十九甲子　冬至
二月大乙亥	初五己卯　小寒	廿一乙未　大寒
三月小乙巳	初六庚戌　立春	廿一乙丑　雨水
四月大甲戌	初七庚辰　驚蟄	廿三丙申　春分
五月小甲辰	初八辛亥　清明	廿三丙寅　穀雨
六月大癸酉	初九辛巳　立夏	廿四丙申　小滿
七月小癸卯	初十壬子　芒種	廿五丁卯　夏至
八月大壬申	十一壬午　小暑	廿六丁酉　大暑
九月小壬寅	十二癸丑　立秋	廿七戊辰　處暑
十月大辛未	十三癸未　白露	廿八戊戌　秋分
十一月小辛丑	十三癸丑　寒露	廿九己巳　霜降
十二月大庚午	十五甲申　立冬	三十己亥　小雪
閏十二月大庚子	十五甲寅　大雪	
閏十二月朔大餘 9，小餘 441。大雪大餘 23，小餘 25。		

定公七年

正月小庚午	初一庚午　冬至	十六乙酉　小寒
二月大己亥	初二庚子　大寒	十七乙卯　立春
三月小己巳	初二庚午　雨水	十八丙戌　驚蟄
四月大戊戌	初四辛丑　春分	十九丙辰　清明
五月小戊辰	初四辛未　穀雨	十九丙戌　立夏
六月大丁酉	初六壬寅　小滿	廿一丁巳　芒種
七月小丁卯	初六壬申　夏至	廿一丁亥　小暑
八月大丙申	初八癸卯　大暑	廿三戊午　立秋
九月小丙寅	初八癸酉　處暑	廿三戊子　白露
十月大乙未	初九癸卯　秋分	廿五己未　寒露
十一月小乙丑	初十甲戌　霜降	廿五己丑　立冬
十二月大甲午	十一甲辰　小雪	廿七庚申　大雪
正月小庚午	初一庚午　冬至	十六乙酉　小寒
十二月朔大餘 3,小餘 789。大雪大餘 29,小餘 1。		

定公八年

正月小甲子	十二乙亥　冬至	廿七庚寅　小寒
二月大癸巳	十三乙巳　大寒	廿八庚申　立春
三月小癸亥	十四丙子　雨水	廿九辛卯　驚蟄
四月大壬辰	十五丙午　春分	三十辛酉　清明
五月大壬戌	十六丁丑　穀雨	
六月小壬辰	初一壬辰　立夏	十六丁未　小滿
七月大辛酉	初二壬戌　芒種	十七丁丑　夏至
八月小辛卯	初三癸巳　小暑	十八戊申　大暑
九月大庚申	初四癸亥　立秋	十九戊寅　處暑
十月小庚寅	初四癸巳　白露	二十己酉　秋分
十一月大己未	初六甲子　寒露	廿一己卯　霜降
十二月小己丑	初六甲午　立冬	廿二庚戌　小雪
正月小甲子	十二乙亥　冬至	廿七庚寅　小寒
十二月朔大餘 19,小餘 197。小雪大餘 40,小餘 2。		

附：陳立公羊義疏引包氏曆譜

　　經：七月戊辰,陳侯柳卒。

　　包氏慎言云:"七月書戊辰,月之八日。"

定公九年

正月大戊午	初八乙丑　大雪	廿三庚辰　冬至
二月小戊子	初八乙未　小寒	廿三庚戌　大寒
三月大丁巳	初十丙寅　立春	廿五辛巳　雨水
四月小丁亥	初十丙申　驚蟄	廿五辛亥　春分
五月大丙辰	十二丁卯　清明	廿七壬午　穀雨
六月小丙戌	十二丁酉　立夏	廿七壬子　小滿
七月大乙卯	十三丁卯　芒種	廿九癸未　夏至
八月小乙酉	十四戊戌　小暑	廿九癸丑　大暑
閏八月大甲寅	十五戊辰　立秋	
九月大甲申	初一甲申　處暑	十六己亥　白露
十月小甲寅	初一甲寅　秋分	十六己巳　寒露
十一月大癸未	初二甲申　霜降	十八庚子　立冬
十二月小癸丑	初三乙卯　小雪	十八庚午　大雪
十二月朔大餘 43，小餘 104。大雪大餘無，小餘 17。		

附：陳立公羊義疏引包氏曆譜

　經：四月戊申，鄭伯囆卒。六月，葬鄭獻公。

　包氏慎言云：“四月書戊辰，据曆，四月無戊申，三月之十二日
也。下書‘葬鄭獻公’，卒在四月，相距僅一月，經當以慢葬書日，而
不日，恐經月有誤。”

定公十年

正月大壬午	初四乙酉　冬至	十九庚子　小寒
二月小壬子	初五丙辰　大寒	二十辛未　立春
三月大辛巳	初六丙戌　雨水	廿一辛丑　驚蟄
四月小辛亥	初七丁巳　春分	廿二壬申　清明
五月大庚辰	初八丁亥　穀雨	廿三壬寅　立夏
六月小庚戌	初八丁巳　小滿	廿四癸酉　芒種
七月大己卯	初十戊子　夏至	廿五癸卯　小暑
八月小己酉	初十戊午　大暑	廿六甲戌　立秋
九月大戊寅	十二己丑　處暑	廿七甲辰　白露
十月小戊申	十二己未　秋分	廿七甲戌　寒露
十一月大丁丑	十四庚寅　霜降	廿九乙巳　立冬
十二月大丁未	十四庚申　小雪	廿九乙亥　大雪
十二月朔大餘 37，小餘 452。大雪大餘 5，小餘 25。		

定公十一年

正月小丁丑	十五辛卯　冬至	
二月大丙午	初一丙午　小寒	十六辛酉　大寒
三月小丙子	初一丙子　立春	十六辛卯　雨水
四月大乙巳	初三丁未　驚蟄	十八壬戌　春分
五月小乙亥	初三丁丑　清明	十八壬辰　穀雨
六月大甲辰	初四丁未　立夏	二十癸亥　小滿
七月小甲戌	初五戊寅　芒種	二十癸巳　夏至
八月大癸卯	初六戊申　小暑	廿二甲子　大暑
九月小癸酉	初七己卯　立秋	廿二甲午　處暑
十月大壬寅	初八己酉　白露	廿三甲子　秋分
十一月小壬申	初九庚辰　寒露	廿四乙未　霜降
十二月大辛丑	初十庚戌　立冬	廿五乙丑　小雪
十二月朔大餘 31,小餘 800。小雪大餘 55,小餘 26。		

定公十二年

正月小辛未	十一辛巳　大雪	廿六丙申　冬至
二月大庚子	十二辛亥　小寒	廿七丙寅　大寒
三月小庚午	十二辛巳　立春	廿八丁酉　雨水
四月大己亥	十四壬子　驚蟄	廿九丁卯　春分
五月大己巳	十四壬午　清明	三十戊戌　穀雨
閏五月小己亥	十五癸丑　立夏	
六月大戊辰	初一戊辰　小滿	十六癸未　芒種
七月小戊戌	初一戊戌　夏至	十七甲寅　小暑
八月大丁卯	初三己巳　大暑	十八甲申　立秋
九月小丁酉	初三己亥　處暑	十八甲寅　白露
十月大丙寅	初五庚午　秋分	二十乙酉　寒露
十一月小丙申	初五庚子　霜降	二十乙卯　立冬
十二月大乙丑	初七辛未　小雪	廿二丙戌　大雪
十二月朔大餘 55，小餘 707。大雪大餘 16，小餘 9。		

附：陳立公羊義疏引包氏曆譜

　　經：十月癸亥，公會晉侯盟于黃。十有一月丙寅朔，日有食之。

　　包氏慎言云：“十月書癸亥，据曆，當爲九月之二十八日，時曆不閏六月，故十月有癸亥。下又書十一月丙寅朔，是當時於十一月後方置閏也。”

定公十三年

正月小乙未	初七辛丑　冬至	廿二丙辰　小寒
二月大甲子	初八辛未　大寒	廿四丁亥　立春
三月小甲午	初九壬寅　雨水	廿四丁巳　驚蟄
四月大癸亥	初十壬申　春分	廿六戊子　清明
五月小癸巳	十一癸卯　穀雨	廿六戊午　立夏
六月大壬戌	十二癸酉　小滿	廿七戊子　芒種
七月小壬辰	十三甲辰　夏至	廿八己未　小暑
八月大辛酉	十四甲戌　大暑	廿九己丑　立秋
九月大辛卯	十五乙巳　處暑	三十庚申　白露
十月小辛酉	十五乙亥　秋分	
十一月大庚寅	初一庚寅　寒露	十六乙巳　霜降
十二月小庚申	初二辛酉　立冬	十七丙子　小雪
十二月朔大餘 50，小餘 115。小雪大餘 6，小餘 10。		

定公十四年

正月大己丑	初三辛卯　大雪	十八丙午　冬至
二月小己未	初三辛酉　小寒	十九丁丑　大寒
三月大戊子	初五壬辰　立春	二十丁未　雨水
四月小戊午	初五壬戌　驚蟄	廿一戊寅　春分
五月大丁亥	初七癸巳　清明	廿二戊申　穀雨
六月小丁巳	初七癸亥　立夏	廿二戊寅　小滿
七月大丙戌	初九甲午　芒種	廿四己酉　夏至
八月小丙辰	初九甲子　小暑	廿四己卯　大暑
九月大乙酉	十一乙未　立秋	廿六庚戌　處暑
十月小乙卯	十一乙丑　白露	廿六庚辰　秋分
十一月大甲申	十二乙未　寒露	廿八辛亥　霜降
十二月大甲寅	十三丙寅　立冬	廿八辛巳　小雪
十二月朔大餘 44，小餘 463。小雪大餘 11，小餘 18。		

附：陳立公羊義疏引包氏曆譜

　　經：三月辛巳，楚公子結、陳公子佗人帥師滅頓。

　　包氏慎言云：“二月書辛巳，月之二十三日。”

定公十五年

正月小甲申	十三丙申　大雪	廿九壬子　冬至
二月大癸丑	十五丁卯　小寒	三十壬午　大寒
閏二月小癸未	十五丁酉　立春	
三月大壬子	初一壬子　雨水	十七戊辰　驚蟄
四月小壬午	初二癸未　春分	十七戊戌　清明
五月大辛亥	初三癸丑　穀雨	十八戊辰　立夏
六月小辛巳	初四甲申　小滿	十九己亥　芒種
七月大庚戌	初五甲寅　夏至	二十己巳　小暑
八月小庚辰	初六乙酉　大暑	廿一庚子　立秋
九月大己酉	初七乙卯　處暑	廿二庚午　白露
十月小己卯	初七乙酉　秋分	廿三辛丑　寒露
十一月大戊申	初九丙辰　霜降	廿四辛未　立冬
十二月小戊寅	初九丙戌　小雪	廿五壬寅　大雪
十二月朔大餘8,小餘370。大雪大餘32,小餘1。		

附：陳立公羊義疏引包氏曆譜

經：二月辛丑,楚子滅胡。

包氏慎言云："二月書辛丑,月之十九日。"

經：五月辛亥,郊。

包氏慎言云："五月書辛亥,月之朔日。"

經：壬申，公薨于高寢。

包氏慎言云：“五月書壬申，月之二十二日。”

經：七月壬申，姒氏卒。

包氏慎言云：“七月書壬申，月之二十三日。”

經：（九月）丁巳，葬我君定公。戊午，日下昃，乃克葬。

包氏慎言云：“九月丁巳，爲月之九日。戊午，月之十日也。”

經：辛巳，葬定姒。

包氏慎言云：“九月又有辛巳，爲葬定姒之日，十月之三日，不蒙上月也。”

春秋公羊傳曆譜訂正十一　哀公

哀公元年

正月大丁未	十一丁巳　冬至	廿六壬申　小寒
二月小丁丑	十一丁亥　大寒	廿六壬寅　立春
三月大丙午	十三戊午　雨水	廿八癸酉　驚蟄
四月大丙子	十三戊子　春分	廿八癸卯　清明
五月小丙午	十四己未　穀雨	廿九甲戌　立夏
六月大乙亥	十五己丑　小滿	三十甲辰　芒種
七月小乙巳	十五己未　夏至	
八月大甲戌	初二乙亥　小暑	十七庚寅　大暑
九月小甲辰	初二乙巳　立秋	十七庚申　處暑
十月大癸酉	初三乙亥　白露	十九辛卯　秋分
十一月小癸卯	初四丙午　寒露	十九辛酉　霜降
十二月大壬申	初五丙子　立冬	廿一壬辰　小雪
十二月朔大餘2，小餘718。小雪大餘22，小餘2。		

附：陳立公羊義疏引包氏曆譜

　　經：四月辛巳，郊。

　　包氏慎言云：“四月書辛巳郊，月之六日。”

270

哀公二年

正月小壬寅	初六丁未　大雪	廿一壬戌　冬至
二月大辛未	初七丁丑　小寒	廿二壬辰　大寒
三月小辛丑	初八戊申　立春	廿三癸亥　雨水
四月大庚午	初九戊寅　驚蟄	廿四癸巳　春分
五月小庚子	初十己酉　清明	廿五甲子　穀雨
六月大己巳	十一己卯　立夏	廿六甲午　小滿
七月大己亥	十一己酉　芒種	廿七乙丑　夏至
八月小己巳	十二庚辰　小暑	廿七乙未　大暑
九月大戊戌	十三庚戌　立秋	廿九丙寅　處暑
十月小戊辰	十四辛巳　白露	廿九丙申　秋分
十一月大丁酉	十五辛亥　寒露	三十丙寅　霜降
閏十一月小丁卯	十六壬午　立冬	
十二月大丙申	初二丁酉　小雪	十七壬子　大雪
十二月朔大餘 26，小餘 625。大雪大餘 42，小餘 17。		

附：陳立公羊義疏引包氏曆譜

　　經：（二月）癸巳，叔孫州仇、仲孫何忌及邾婁子盟于句繹。

　　包氏慎言云：“二月書癸巳，月之二十二日。”

　　經：四月丙子，衛侯元卒。

　　包氏慎言云：“四月書丙子，月之六日。”

　　經：八月甲戌，晉趙鞅帥師及鄭軒達帥師戰于栗。

　　包氏慎言云：“八月書甲戌，月之七日。”

哀公三年

正月小丙寅	初二丁卯　冬至	十七壬午　小寒
二月大乙未	初四戊戌　大寒	十九癸丑　立春
三月小乙丑	初四戊辰　雨水	十九癸未　驚蟄
四月大甲午	初六己亥　春分	廿一甲寅　清明
五月小甲子	初六己巳　穀雨	廿一甲申　立夏
六月大癸巳	初七己亥　小滿	廿三乙卯　芒種
七月小癸亥	初八庚午　夏至	廿三乙酉　小暑
八月大壬辰	初九庚子　大暑	廿五丙辰　立秋
九月小壬戌	初十辛未　處暑	廿五丙戌　白露
十月大辛卯	十一辛丑　秋分	廿六丙辰　寒露
十一月大辛酉	十二壬申　霜降	廿七丁亥　立冬
十二月小辛卯	十二壬寅　小雪	廿七丁巳　大雪
十二月朔大餘 21，小餘 33。大雪大餘 47，小餘 25。		

附：陳立公羊義疏引包氏曆譜

經：四月甲午，地震。

包氏慎言云：“四月書甲午，月之朔日。”

經：五月辛卯，桓宮、僖宮灾。

包氏慎言云：“五月書辛卯，月之二十八日。”

經：七月丙子，季孫斯卒。

包氏慎言云：“七月書丙子，月之十四日。”

經：十月癸卯，秦伯卒。

包氏慎言云：“十月書癸卯，月之十三日。”

哀公四年

正月大庚申	十四癸酉　冬至	廿九戊子　小寒
二月小庚寅	十四癸卯　大寒	廿九戊午　立春
三月大己未	十五癸酉　雨水	
四月小己丑	初一己丑　驚蟄	十六甲辰　春分
五月大戊午	初二己未　清明	十七甲戌　穀雨
六月小戊子	初二己丑　立夏	十八乙巳　小滿
七月大丁巳	初四庚申　芒種	十九乙亥　夏至
八月小丁亥	初四庚寅　小暑	二十丙午　大暑
九月大丙辰	初六辛酉　立秋	廿一丙子　處暑
十月小丙戌	初六辛卯　白露	廿一丙午　秋分
十一月大乙卯	初八壬戌　寒露	廿三丁丑　霜降
十二月小乙酉	初八壬辰　立冬	廿三丁未　小雪
十二月朔大餘15，小餘381。小雪大餘37，小餘26。		

附：陳立公羊義疏引包氏曆譜

經：三月庚戌，盜弒蔡侯申。

包氏慎言云：“公羊經三月有庚戌，据曆，爲二月之二十二日。三月無庚戌，左氏、穀梁均作二月，疑公羊誤。”

經：六月辛丑，蒲社灾。

包氏慎言云：“六月書辛丑，月之十五日。”

經：八月甲寅，滕子結卒。

包氏慎言云：“八月書甲寅，月之二十九日。”

哀公五年

正月大甲寅	初十癸亥　大雪	廿五戊寅　冬至
二月小甲申	初十癸巳　小寒	廿五戊申　大寒
三月大癸丑	十一癸亥　立春	廿七己卯　雨水
四月大癸未	十二甲午　驚蟄	廿七己酉　春分
五月小癸丑	十二甲子　清明	廿八庚辰　穀雨
六月大壬午	十四乙未　立夏	廿九庚戌　小滿
七月小壬子	十四乙丑　芒種	廿九庚辰　夏至
閏七月大辛巳	十六丙申　小暑	
八月小辛亥	初一辛亥　大暑	十六丙寅　立秋
九月大庚辰	初二辛巳　處暑	十七丙申　白露
十月小庚戌	初三壬子　秋分	十八丁卯　寒露
十一月大己卯	初四壬午　霜降	十九丁酉　立冬
十二月小己酉	初五癸丑　小雪	二十戊辰　大雪
十二月朔大餘 39，小餘 288。大雪大餘 58，小餘 9。		

附：陳立公羊義疏引包氏曆譜

　　經：九月癸酉，齊侯處臼卒。

　　包氏慎言云：“九月書癸酉，月之二十四日。”

哀公六年

正月大戊寅	初六癸未　冬至	廿一戊戌　小寒
二月小戊申	初六癸丑　大寒	廿二己巳　立春
三月大丁丑	初八甲申　雨水	廿三己亥　驚蟄
四月小丁未	初八甲寅　春分	廿四庚午　清明
五月大丙子	初十乙酉　穀雨	廿五庚子　立夏
六月大丙午	初十乙卯　小滿	廿五庚午　芒種
七月小丙子	十一丙戌　夏至	廿六辛丑　小暑
八月大乙巳	十二丙辰　大暑	廿七辛未　立秋
九月小乙亥	十三丁亥　處暑	廿八壬寅　白露
十月大甲辰	十四丁巳　秋分	廿九壬申　寒露
十一月小甲戌	十四丁亥　霜降	
十二月大癸卯	初一癸卯　立冬	十六戊午　小雪
十二月朔大餘 33，小餘 636。小雪大餘 48，小餘 10。		

附：陳立公羊義疏引包氏曆譜

　　經：七月庚寅，楚子軫卒。

　　包氏慎言云："七月書庚寅，月之十七日。"

哀公七年

正月小癸酉	初一癸酉　大雪	十六戊子　冬至
二月大壬寅	初二癸卯　小寒	十八己未　大寒
三月小壬申	初三甲戌　立春	十八己丑　雨水
四月大辛丑	初四甲辰　驚蟄	二十庚申　春分
五月小辛未	初五乙亥　清明	二十庚寅　穀雨
六月大庚子	初六乙巳　立夏	廿一庚申　小滿
七月小庚午	初七丙子　芒種	廿二辛卯　夏至
八月大己亥	初八丙午　小暑	廿三辛酉　大暑
九月小己巳	初九丁丑　立秋	廿四壬辰　處暑
十月大戊戌	初十丁未　白露	廿五壬戌　秋分
十一月大戊辰	初十丁丑　寒露	廿六癸巳　霜降
十二月小戊戌	十一戊申　立冬	廿六癸亥　小雪
十二月朔大餘 28，小餘 44。小雪大餘 53，小餘 18。		

附：陳立公羊義疏引包氏曆譜

　　經：八月己酉，入邾婁。

　　包氏慎言云：“八月書己酉，月之十一日。”

哀公八年

正月大丁卯	十二戊寅　大雪	廿八甲午　冬至
二月小丁酉	十三己酉　小寒	廿八甲子　大寒
三月大丙寅	十四己卯　立春	廿九甲午　雨水
閏三月小丙申	十五庚戌　驚蟄	
四月大乙丑	初一乙丑　春分	十六庚辰　清明
五月小乙未	初一乙未　穀雨	十六庚戌　立夏
六月大甲子	初三丙寅　小滿	十八辛巳　芒種
七月小甲午	初三丙申　夏至	十八辛亥　小暑
八月大癸亥	初五丁卯　大暑	二十壬午　立秋
九月小癸巳	初五丁酉　處暑	二十壬子　白露
十月大壬戌	初六丁卯　秋分	廿二癸未　寒露
十一月小壬辰	初七戊戌　霜降	廿二癸丑　立冬
十二月朔大餘51，小餘891。大雪大餘14，小餘1。		

附：陳立公羊義疏引包氏曆譜

經：冬十有二月癸亥，杞伯過卒。

包氏慎言云：“冬十二月書癸亥，月之四日。”

哀公九年

正月大辛卯	初九己亥　冬至	廿四甲寅　小寒
二月小辛酉	初九己巳　大寒	廿四甲申　立春
三月大庚寅	十一庚子　雨水	廿六乙卯　驚蟄
四月小庚申	十一庚午　春分	廿六乙酉　清明
五月大己丑	十三辛丑　穀雨	廿八丙辰　立夏
六月小己未	十三辛未　小滿	廿八丙戌　芒種
七月大戊子	十四辛丑　夏至	三十丁巳　小暑
八月小戊午	十五壬申　大暑	
九月大丁亥	初一丁亥　立秋	十六壬寅　處暑
十月小丁巳	初一丁巳　白露	十七癸酉　秋分
十一月大丙戌	初三戊子　寒露	十八癸卯　霜降
十二月小丙辰	初三戊午　立冬	十九甲戌　小雪
十二月朔大餘 46，小餘 299。小雪大餘 4，小餘 2。		

哀公十年

正月大乙酉	初五己丑　大雪	二十甲辰　冬至
二月小乙卯	初五己未　小寒	二十甲戌　大寒
三月大甲申	初七庚寅　立春	廿二乙巳　雨水
四月小甲寅	初七庚申　驚蟄	廿二乙亥　春分
五月大癸未	初九辛卯　清明	廿四丙午　穀雨
六月大癸丑	初九辛酉　立夏	廿四丙子　小滿
七月小癸未	初九辛卯　芒種	廿五丁未　夏至
八月大壬子	十一壬戌　小暑	廿六丁丑　大暑
九月小壬午	十一壬辰　立秋	廿七戊申　處暑
十月大辛亥	十三癸亥　白露	廿八戊寅　秋分
十一月小辛巳	十三癸巳　寒露	廿八戊申　霜降
十二月大庚戌	十五甲子　立冬	三十己卯　小雪
閏十二月小庚辰	十五甲午　大雪	
閏十二月朔大餘10，小餘206。大雪大餘24，小餘17。		

附：陳立公羊義疏引包氏曆譜

　　經：三月戊戌，齊侯陽生卒。

　　包氏慎言云：“三月有戊戌，月之十六日。”

哀公十一年

正月大己酉	初一己酉　冬至	十六甲子　小寒
二月小己卯	初二庚辰　大寒	十七乙未　立春
三月大戊申	初三庚戌　雨水	十八乙丑　驚蟄
四月小戊寅	初四辛巳　春分	十九丙申　清明
五月大丁未	初五辛亥　穀雨	二十丙寅　立夏
六月小丁丑	初五辛巳　小滿	廿一丁酉　芒種
七月大丙午	初七壬子　夏至	廿二丁卯　小暑
八月小丙子	初七壬午　大暑	廿三戊戌　立秋
九月大乙巳	初八癸丑　處暑	廿四戊辰　白露
十月大乙亥	初九癸未　秋分	廿四戊戌　寒露
十一月小乙巳	初十甲寅　霜降	廿五己巳　立冬
十二月大甲戌	十一甲申　小雪	廿六己亥　大雪
十二月朔大餘4,小餘554。大雪大餘29,小餘25。		

哀公十二年

正月小甲辰	十二乙卯　冬至	廿七庚午　小寒
二月大癸酉	十三乙酉　大寒	廿八庚子　立春
三月小癸卯	十三乙卯　雨水	廿九辛未　驚蟄
四月大壬申	十五丙戌　春分	三十辛丑　清明
五月小壬寅	十五丙辰　穀雨	
六月大辛未	初一辛未　立夏	十七丁亥　小滿
七月小辛丑	初二壬寅　芒種	十七丁巳　夏至
八月大庚午	初三壬申　小暑	十九戊子　大暑
九月小庚子	初四癸卯　立秋	十九戊午　處暑
十月大己巳	初五癸酉　白露	二十戊子　秋分
十一月小己亥	初六甲辰　寒露	廿一己未　霜降
十二月大戊辰	初七甲戌　立冬	廿二己丑　小雪
十二月朔大餘58，小餘902。小雪大餘19，小餘26。		

附：<u>陳立</u> <u>公羊義疏</u>引<u>包氏</u> <u>曆譜</u>

　　經：五月甲辰，孟子卒。

　　<u>包氏</u> <u>慎言</u>云：“五月書甲辰，月之四日。”

哀公十三年

正月大戊戌	初八乙巳　大雪	廿三庚申　冬至
二月小戊辰	初八乙亥　小寒	廿三庚寅　大寒
三月大丁酉	初九乙巳　立春	廿五辛酉　雨水
四月小丁卯	初十丙子　驚蟄	廿五辛卯　春分
五月大丙申	十一丙午　清明	廿七壬戌　穀雨
六月小丙寅	十二丁丑　立夏	廿七壬辰　小滿
七月大乙未	十三丁未　芒種	廿八壬戌　夏至
八月小乙丑	十四戊寅　小暑	廿九癸巳　大暑
九月大甲午	十五戊申　立秋	三十癸亥　處暑
閏九月小甲子	十五戊寅　白露	
十月大癸巳	初二甲午　秋分	十七己酉　寒露
十一月小癸亥	初二甲子　霜降	十七己卯　立冬
十二月大壬辰	初四乙未　小雪	十九庚戌　大雪
十二月朔大餘22，小餘809。大雪大餘40，小餘9。		

哀公十四年

正月小壬戌	初四乙丑　冬至	十九庚辰　小寒
二月大辛卯	初五乙未　大寒	廿一辛亥　立春
三月小辛酉	初六丙寅　雨水	廿一辛巳　驚蟄

附録：廣英堂遺稿

雅頌各得其所解

雅、頌以音言，非以詩言也。樂正，而律與度協，聲與律諧，鄭、衞不得而亂之，故曰"得所"。詩有六義：曰風，曰賦，曰比，曰興，曰雅，曰頌，而其被之於樂，則雅中有頌，頌中有雅，風中亦有雅頌。詩之風雅頌，以體別；樂之風雅頌，以律同。本之性情，稽之度數，協之音律，其中正和平者，則俱曰雅頌焉云爾。楊雄法言曰："或問五聲十二律也，或雅或鄭，何也？曰：'中正爲雅，多哇爲鄭。'請問本？曰：'黃鐘以生之，中正以平之，確乎鄭、衞不能入也。'"由是言之，樂有樂之雅頌，詩有詩之雅頌，二者固不可比而同也。七月，邠風也，而籥章吹以養老息物，則曰雅；吹以迎送寒暑，則曰頌。一詩而可雅可頌，邠風然，知十五國亦皆然也。大戴禮投壺篇云："凡雅二十六篇，鹿鳴、貍首、鵲巢、采蘩、采蘋、白駒、伐檀、騶虞八篇可歌。"鵲巢、采蘩、采蘋、伐檀、騶虞此五篇皆風也，而名之爲雅者，其音雅也。投壺又云："八篇廢不可歌，七篇商、齊可歌。"商，頌也，齊，風也，而皆曰雅。由是言之，雅、頌者，通名也。漢杜夔傳雅樂四曲，有鹿鳴、伐檀、騶虞、文王。墨子謂騶虞爲文王之樂，與武、勺並稱，則風詩之在樂者，可名雅而又可名頌矣。淮南泰族訓曰："雅頌之聲，皆發於辭本於情，故君臣以睦，父子以親。故韶、夏之樂也，聲乎金石，潤乎草木。"然則韶、夏亦云雅頌，豈第二雅、三頌之謂哉？又曰："言不合乎先王者，不可以爲道；音不調乎雅頌者，不可以爲樂。"然則，雅頌自有雅頌之律，性情正、音律調，雖風，亦曰雅頌。性情不正，音律不調，即雅頌，亦不得爲雅頌。後世非無雅頌之詩，而不能與雅頌並稱者，情乖而律不調也。太史公樂書曰："凡作樂者，所以節樂。君子以謙退爲禮，減損爲樂。其如此也，以爲州異國殊，情習不同，故博采風俗，協比聲律，以補短移化，助流政教。天子躬於明堂臨觀，而萬民咸滌蕩邪穢，斟酌飽滿，以飾厥性，故云雅頌之音理而民正。"夫州異國殊，風也；天子博采而協比以聲律，則俱曰雅頌。樂之雅頌，其果以詩分乎？不以詩分乎？樂書又言："天子諸侯聽鐘磬，未嘗離於庭；卿大夫聽琴瑟之音，未嘗離於前，所以養行義而防淫佚也。夫淫佚生於無禮，故聖王使人耳聞雅頌之音，目視威儀之禮。"由是言之，樂之雅頌，猶禮之威儀，威儀以養身，雅頌以養心，聲音相保，細大不踰，使人聽之，而志意得廣、心氣和平者，皆雅頌也。以詩之雅頌爲樂之雅頌，則經傳多格而不通矣。樂記曰："故人不能無樂，樂不能無形，形而不爲道，不能無亂，故制雅頌之聲以道之。"周南、召南、邠風，莫非先生所制，則莫非雅頌也。非先王所制而本之性情，稽之度數，協之音律，不悖於先王者，聖人有取焉。史記儒林傳言"詩三百五篇，孔子皆弦歌之，以求合乎韶武雅頌之音"。三百篇之於雅頌，不必盡合也。其合乎雅頌者，即謂之雅頌，故伐檀也，齊也，亦曰雅。大戴所言、杜夔所傳，豈真謬哉？漢書禮樂志云："周衰，王官失業，雅頌相錯，孔子論而定之，故曰：吾自衛反魯，然後樂正，雅頌各得其所。"班氏所謂雅頌相錯者，謂聲律之錯，非謂篇章錯亂也，所謂孔子論而定者，謂定其聲律，非謂整齊其篇次也。"子曰：師摰之始，關雎之亂，洋洋乎盈耳哉！"關雎篇次，非有所錯，然洋洋之盛，必待孔子正樂之後，蓋自新聲既起，音律之乖，先王雅樂皆因之以亂，詩則是也，聲則非也。雖師摰之賢，猶莫悟其非，故曰惡鄭聲之亂雅樂也。淮南曰："先王之制法也，因民之所欲而爲之節文者也。因其好色而制昏姻之禮，故男女有別。因其好音而正雅頌之聲，故風不流。"關雎、葛覃、卷耳，正所謂節而不使流者也。然使以鄭聲弦之歌之，則樂者淫、哀者傷矣。明乎此，而雅頌之不係乎詩可知，"得所"之非整理其篇章亦可知。

毛鄭昏期辨

昏期之説，毛、鄭各異，毛據荀子"霜降逆女，冰泮殺止"，謂秋冬爲正期，而極于春二月。鄭據周禮媒氏"仲春令會男女"，謂建卯之月爲正期，而極于夏五月。後之説詩者，各有所主，互相出入。壬午孟春，以科試與友人姚君仲虞會于郡城，商論及此，仲虞則彌縫兩説，以歸于一。慎言則是毛非鄭。仲虞詰其故，予曰：康成深于禮者也，而其言昏期，則因泥禮而失之。今請證之于本經，參之于易、禮，而旁質之周漢諸子，舉鄭説而一一條辨之。

詩召南草蟲序謂大夫妻能以禮自防也，而言"采薇""采蕨"。行露謂女以六禮不備，不肯從男以行也，而言"畏行多露"①。野有死麕詩言"有女懷春，吉士誘之"。此皆爲鄭説者所據，爲昏期在春之確證。然薇蕨之生以春，鄭以采蕨爲記時，是固然矣，而篇首云"喓喓草蟲，趯趯阜螽"，則又何説？安見彼爲記時，而此獨爲興喻之語乎？多露固屬二月之時，然毛謂昏禮殺于二月，非謂二月必不可爲昏，此固不足以相難。野有死麕云"有女懷春"，懷者，思也、傷也。過春，則不可行，恐其不能及時以禮與男會，故言懷。此摽梅箋所云二十之女，過時則有勤望之憂者，正可爲毛説之證，不可爲鄭説之證也。衛風匏有苦葉云："士如歸妻，迨冰未泮。"申毛義者據之，而鄭氏則以納采、請期爲言。又云："匏葉苦而渡處深，謂八月之時，陰陽交會，始可以爲昏禮納采、問名。"可見鄭氏已自覺其難通，而持之不堅矣。唐風綢繆一詩，刺昏姻之失時，毛以爲舉正時以隱諷之，謂三星爲參，在天，十月時也；在隅，十一月、十二月時也；在户，正月時也。鄭以爲直刺其失時，謂三星爲心，在天三月之末、四月之中；在隅，四月之末、五月之中；在户，五月之末、六月之

---

① 畏，今本毛詩作"謂"。

中。以傳記考之，參、心俱可名三星，則詩之所云，亦無以斷其必爲參而非心。然王制云“草木黄落，然後入山林”，當春夏之時，草木暢茂，斬伐有禁，且農事方勤，又安有束薪于野之人乎？則二家之是非，覈之本文自明，不煩別證也。易之言昬禮者五卦：屯也、蒙也、泰也、睽也、歸妹也。寶應劉氏楚楨云：五卦外，仍有漸卦。屯，十一月、十二月卦也，言“昬媾，往吉，无不利”。蒙、泰俱在正月卦也，蒙言“納婦吉”，泰言“帝乙歸妹”，睽，十二月卦也，言“後説之壼，匪寇昬媾”。歸妹，九月卦也，言“帝乙歸妹”，同邑陳氏熙齋云：歸妹，候在秋分、寒露，八月卦也。時未霜降，又漸亦正月卦，彖言女歸吉。則毛公之説，徵之于易而益信。而祖鄭者，但據泰之九二一爻，以駁難毛公，此豈足關毛公之口哉？儀禮小戴詳言昬禮儀節，而説昬期者，惟周官媒氏一見，此鄭説之所本也。然下云“于是時也，奔者不禁”，則此爲蕃育法，非正典也，先儒固已言之矣。又考昬義謂“古者先嫁三月，教于宗室，教成之祭，牲用魚，芼之以蘋藻”。召南采蘋一篇，教成之禮也。若昬期果屬仲春，則教成之祭當屬仲冬，南澗之濱，行潦之水，蘋藻尚有可采者乎？諸據禮文以申鄭者，其亦未之思矣。管子曰：春三卯。始卯，合男女。秋三酉，終酉，合男女。董仲舒云：“聖人以男女陰陽，其道同類。歟天道向秋冬，[①]而陰氣來；向春夏，而陰氣去。故古人霜降逆女、冰泮殺止，與陰俱近而陽遠也。”管子時周禮尚在，仲舒爲漢儒宗，其言當有所本，而皆與毛公合。徵之于經既如此，質之于子、史又如彼，則昬期之説，其當以毛氏爲正無疑。仲虞謂其言可存，命録之，因歸而書此。

---

① “歟”字疑衍。

河　外　考

　　僖十五年左傳言晉惠公賂秦，"以河外列城五，東盡虢略，南及華山"。蓋首舉其數，而下乃叙其疆域，東南皆據河外而言。小爾雅廣詁云："略，界也。"東盡虢略，南及華山，言五城之地，東極於故虢界，南至華山而止耳。不言西北者，以西北爲秦地故也。河外，當指河西。河自龍門至華陰，自北而南，晉都於絳，在河東，故以河西爲外。秦本紀叙此事云："繆公使百里傒送夷吾，夷吾謂曰：誠得立，請割晉之河西八城與秦。"史公約左氏之文，而改河外爲河西，此其顯證也。晉世家言獻公之季，"晉彊，①西有河西，與秦接竟。"然則，惠之以河外賂秦，正以其地與秦接壤，秦人所虎視，故許之以中其欲。及其既入，而復背之者，河西西阻潼關，塞秦東向之路，河西失，則秦地東至河，是爲引盜入門。惠公雖暗，謀臣呂芮等必有陰沮之者矣。史記正義河西謂同、華等州。以元和志考之，晉之桃林、韓原、北徵、王官、羈馬，與秦之下邽、少梁、彭衙，皆錯牙二州之間。同州地望正西，華州在同州之南，虢州又在華州之東，故曰"東盡虢略，南及華山"。盡之云者，言五城之域，其東盡於此，非謂舉虢之疆域盡以界秦也。此經下云"内及解梁城"，内者，河内；及者，由彼至此之詞，蓋包有餘邑。僖三十年傳鄭燭之武説秦伯曰："許君焦、瑕，朝濟而夕設版焉。"解梁於唐爲河東河中府之臨晉縣地，而臨晉西南之猗氏縣有故郇瑕邑，水經注以爲許君焦、瑕者也。則焦、瑕與解梁俱在河東，不在五城之列。河西爲晉之邊邑，而焦、瑕隸河東，入晉腹心，故惠公朝濟而夕設版。杜預既誤以河外爲河南，而謂東盡虢略爲從河南而東盡虢界，則五城之地自華山而東，包陜州，如此，則經當云西及華山，不當云"南及"矣。其河西

---

　　① 彊，原作"疆"，據史記晉世家改。

仍爲晉有，而此五城者，晉即與秦，果能越國以鄙遠乎？惠公以此賂秦，是以秦人爲兒戲，豈穆公之賢而反信之乎？魏世家公子無忌上魏王書曰："所亡於秦者，河內、河外大縣數十。"正義："河外謂華州以東至虢陝，河內謂蒲州以東至懷衛。"此時河西地早爲秦有，魏境河南惟自華以東，故以河南爲河外，與全晉之時迥殊。史公於秦本紀、晉世家易左氏之河外爲河西，當恐後人誤以戰國之河外當左氏之河外，故特區而別之，元凱奈何竟眛眛也？

周禮補注後序

右周禮補注六卷，吾鄉呂雲里先生之所作也。先生終後五載，哲嗣鶴田給諫整理遺稿，將授之梓，屬余爲校正字畫，余因得盡讀之。

竊以漢儒説經，篤守師法，而依類引申，踵事之增，往往後掩其前。周禮自戰國去籍已湮微，暨秦剗滅，官失其守，雖出屋壁，古訓古言，太學博士鮮能通曉，故西漢之世，傳授不絶如綫。自賈逵、鄭興從杜子春受章句，爰作解詁以表明絶學，而鄭衆紹其世業，馬融補所缺遺，昔之晦莽者，稍稍闢矣。原聲類，考訓詁，務期於名正言順。而耳目所蔽，猶不無齟齬。康成氏後起，縱觀得失，條理終始而爲之注，後學鑽仰，誠無間焉。然考鄭氏所注諸經，禮爲先，詩、書最後，而先後恒自相違背，如周禮弁師“王之皮弁會五采玉璂”，注云：“璂，讀如薄借綦之綦，綦，結也。皮弁之縫中，每貫結五采玉十二以爲飾，謂之綦。詩曰‘會弁如星’，又曰‘其弁伊綦’是也。”而詩箋於曹風之“其弁伊騏”，破騏爲璂，云以玉爲之，則與綦結之訓異矣。天官小宰六屬，注云：“六官之屬三百六十，象天地四時日月星辰之度數，天道備焉。前此者，成王作周官，其志有述天授位之義，故周公設官分職以法之。”而詩箋于周頌之“駿惠我文王”，則云“大順我文王之意，謂爲周禮六官之職也。書曰：考朕昭子刑，乃單文祖德。”則與設官分職承成王意者又異矣。書注謂“文祖者，周曰明堂以稱文王”，是又以明堂爲文王廟，與蔡邕所言明堂、宗廟同處者義合，而與鄭駁異義所云明堂在國之陽者，又兩歧矣。一人之説，已不能齊同若此，其及補正者，自爲補正，其不及補正者，則固有望于後之人。專己守殘，大雅所不取也。而唐人作正義，惟知疏不破注，紕繆相仍，積習生常，以故空疏之家得乘間而抵之。先生此書，大恉以鄭氏爲宗，而取矛剌盾，即以鄭氏説校正鄭氏之缺，其自馬融、許慎、干寶,下逮近儒經說,凡義涉周禮,可與互相發明者,亦詳録以爲鄭氏參輔,修廢起敝,補苴缺遺,鄭氏所以爲千古儒宗。此書之作,固鄭氏之志也與? 先生爲凌仲子先生高弟,仲子先生治儀禮,而經禮未嘗致力,然釋例一書,引彼證此,其所發明者已多,先生推而廣之,斯又爲仲子卒未竟之業也。

　　余與給諫爲舊交,庚子、辛丑以計偕羈留都中,得拜先生于堂,每聞緒論,則夙疑頓釋,昭若發蒙。先生樂誘掖後進,間以所業就正,則亦極口獎借。今書中所刺取者,皆慎言昔所就正,未敢冀其有當,而先生厠之名儒之末,則又赧然自慚。然先生之與人爲善,固先生小子之所聞風興起,而不敢自怠者。校録既畢,爰書此以志欽向,非敢云序先生書也。

　　道光丁未中秋後三日通家子包慎言謹跋。

校刊漢書地理志補注序

　　班氏采禹貢、周官以爲漢書地理志，"緣起"略云："黃帝建萬國，周蓋千八百國。唐、虞侯伯猶存，帝王國籍相踵而可知。秦并兼四海，分爲郡縣，漢因秦制，先王之迹既遠，地名又數改易，是以采獲舊聞，考迹詩、書，推表山川，以綴夏、周、春秋、戰國，下及秦、漢。"而顏氏説之曰："中古以來説地理者多矣，或解釋經典，或撰述方志，競爲新異，妄有穿鑿，安處附會，頗失其真。後之學者，因而祖述，曾不考其謬論，莫能尋其根本。今並不録，蓋無尤焉。"則知班氏撰志時，古書故有存者，班氏刊落詭僻，撫摘詳慎，是以後世言地理者，莫不祖述班志。挨代緘續，顏氏注亦博集儒先之説，別其是非，間亦有糾班氏之誤者。要之，不惑謬論，確尋根本，足爲來學矩範。

　　近世地理之學，分爲二家，曰形勝，曰沿革。國初常熟顧宛溪先生爲讀史方輿紀要一書，歷代開刜、防衛、營陳、戰守之迹具在。嘉慶中，常熟吳立峰先生，爲漢書地理志補注一書，歷代開塞、置廢、割隸、分併之迹具在。地理家得二書，亦幾備矣，而皆出於常熟，何虞山之多學者也！顧君名赫奕當世，其書卷帙浩繁，鈔行百六十年，乃得兩刻于關隴。吳君書較顧書不及半，然積勤數十年以成盛業，而名不出閭巷。武進李申耆先生得其手稿，録副而題之曰："搜輯賅博，因以訂訛補缺，爲檢稽者所藉手，其爲利益甚大。"李君學無所不通，尤深於輿地，推重如此，是書之足貴尚可知。顧君書體大思精，然間有撫自類書，與正史不符者，傳鈔尤多舛誤。李君悉核史文，補正成善本，今關隴兩刻皆據李校。而李君得此書，時年已垂七十，又病甚不能親勘，書手荒率，訛謬十二三。李君謝世後，所録副爲吾鄉潘芸閣侍郎購得，余因假至白門付梓氏以廣其傳。屬族妹倩、陽湖楊汀蘆 傳第、族弟興言 誠相與訂正其誤脱錯亂，至書內引用載籍有文義疑滯，而無本可覈者，悉仍其舊，不敢以肊改竄，俟藏書家續自刊定。積三百日梓成，因筆記其始末。

　　道光二十八年冬十月朔日，涇包慎言孟開氏識。

與凌曉樓論諸侯越竟親迎書

　　曉樓先生閣下，昨至尊館拜謁，蒙賜大著公羊問答、公羊禮説二部，反歸，鍵户讀之，不勝佩服。禮説中如"紀侯來朝""復九世之讎""師及齊師圍成"等論，破前人之謬説，申劭公之大義，洵可爲公羊功臣也。惟卷首論親迎一條，慎言竊不能無疑焉。

　　夫春秋之作，聖人所以撥亂世而反之正也。反正莫先乎倫常，倫常莫先乎夫婦。親迎者，夫婦交接之始，故先王謹之。隱之二年，經書"紀履緰來逆女"，傳曰："譏不親迎也。"外逆女不書，而此獨書者，是蓋春秋之特筆，所以明人道之始，而端王化之原。莊之二十四年，公如齊逆女，傳曰："何以書，親迎禮也。"一以爲譏，一以爲禮，則親迎之禮，達于諸侯無疑。閣下引詩與禮以申明之，是矣。其莊之二十七年，莒慶來逆叔姬，傳曰："何以書？譏。何譏爾？大夫越竟逆女，非禮也。"似與前傳相反者，此明大夫外娶之非禮，故傳加"越竟"二字，非譏其親迎也。何氏注云："大夫任重，爲越竟逆女，于政事又所損曠，故竟内乃得親迎，所以屈私赴公也。"劭公之意，蓋謂昏禮必親迎，而大夫不得以私事出疆，外娶，則廢親迎之禮。是亦言外娶之非，謂外娶而親迎，當不出竟也。古者大夫之禮與諸侯異，諸侯國内皆臣，故外娶以防姻婭柄政之禍，宋殺其大夫不名，所以正内娶之失也。諸侯外娶，故有越竟親迎之禮，大夫無公事不出竟，故内娶以防交政中國之漸。莒慶來逆叔姬，示譏，所以正外娶之失也。大夫不外娶，故無越竟迎女之禮，傳之分別自明，閣下乃據莒慶傳注，謂諸侯重于大夫，更無越竟之事，毋乃思之未審乎？原閣下之所以爲此説，蓋以何氏于莊二十四年傳注云："諱淫，故使若以得禮書也。"劭公之意，似以傳之所言非實。顧考之于經，公之如齊在夏，而姜氏之入在秋八月丁丑，凡淹留齊者數月，其非爲親迎可知，經諱其外淫之罪，而書云如齊逆女，從親迎爲文,故傳亦順經而云禮也。而閣下乃泥注中"諱淫"二字,謂二十四年之傳爲變例,舉二十七年之傳以正之,抑何居哉?程子謂親迎者,迎于其館,豈有委宗廟社稷遠適他國以逆婦者,此迂疏之見,豈閣下亦爲所誤乎?審如其説,則何注引書傳云"夏后迎于庭,殷人迎于堂,周人迎于户"者,其館乎?其非館乎?慎言則謂詩韓奕云"韓侯迎止,于蹶之里",此諸侯越竟親迎之明證。且諸侯如果不越竟,則經但書紀履緰來逆女,傳又何從知紀侯之必不親迎于館而譏之也?

　疏陋之見,未知果有當否,幸閣下明教之。

與凌曉樓論禘祫從先君數徐彥疏之誤書

曉樓先生閣下，大箸公羊禮說禘祫從先君數一條，謂徐彥疏其間三五參差，禘亦有同年之說，與何氏相背，而更引徐邈說以申之。慎言竊惑焉，嘗取何注細繹之，注云“禮，禘祫從先君數，三年喪畢，遭禘則禘，遭祫則祫”，所謂從先君數者，謂從先君禘祫之年數，至新君喪畢之日耳。文二年，大事于大廟，“大事者何？大祫也”，注云：“從僖公八年禘數之，知爲大祫也。”以此證彼，互相推勘，其義益明。徐氏乃謂從先君數，爲從先君死之日月，如其言，則喪畢定爲祫祭，“遭禘”二語爲不可通矣。此蓋惑于康成禘祫志之說，不知禘祫年數二家互異，不可强合也。徐氏牽鄭入何，誠屬孟浪。以此詰之，彼固無辭。若禘祫同年，則徐氏由僖八年禘遞數之，至二十三年禘祫俱并在一年，故爲此論。與何注初不相背。閣下乃謂從僖八年禘數之，十年祫，十二年禘，如此，則五年之間而有三殷祭矣，不顯與傳文違乎？閣下又謂開元六年睿宗三年喪畢而祫，明年而禘，不相通數，以至七祫五禘，至二十七年，禘祫并在一歲，皆由鄭說誤之。不知鄭氏云三年喪畢，祫祭，明年春禘，自後五年而再殷祭，孔沖遠周頌疏申之，謂三年一祫，五年一禘，每于五年之內爲此二禮，據其年端數之，故言三年五年耳。其實，禘祫自相距各五年，則準鄭氏說，無禘祫同在一年之理。考王制疏引鄭氏禘祫志云，昭公十三年，終夫人齊歸喪，以平丘之會，不及祫，十四年春歸乃祫。十五年春，乃禘。至十八年祫，二十年禘，二十三年祫，由此推之，則所云三年者，祫距禘之三年；五年者，禘距祫之五年。唐之禮官不深考鄭說，而禘祫各自爲數，故遂至并在一，乃歸咎于鄭氏。鄭氏豈任受哉？閣下謂當時鄭學盛行，言禘祫者皆本禘祫志，徐主其說而不自知其背于何氏也，毋亦未考之過乎？徐邈說特嫌禘祫同年，而爲此變通，究之于何注無關也。閣下以之申何，則文二年注之所云“從僖八年數之，知爲大袷者”，又何説乎？語曰“洪鐘以擊而後鳴”，願閣下爲洪鐘，而慎言請擊之，慎毋以其狂而忽之也。

與凌曉樓論兄弟異昭穆書

曉樓先生閣下，大箸公羊禮説躋僖公條，謂兄弟相繼同昭穆，此自漢以來先儒相傳如此，衆口一辭，閣下墨守劭公注，宜其無異議也。然質之于三傳，則似不然。公羊傳曰：君臣于父子而異其昭穆。公羊傳曰"臣子一例也"，注謂"臣之繼君，猶子繼父，其服皆斬衰"，豈有生既爲之服斬衰之服，而死後入廟乃敢與之相齒乎？晉魏諸儒之議，此後世權變之論，究不可以之誣三傳也。記曰："善問者如攻堅木。"慎言此論，非敢以相規，冀附攻堅之義，願閣下詳之。

與胡竹村論燕寢室戶制度書一

承賜書及大箸東房西室疑問一篇，反覆尋繹，服膺無已，其分別路寢、燕寢天子、諸侯制度之異，修廢補漏，鄭氏復起，當亦爲之心折。室有東戶，先進江慎修先生已持此論，而援據未明，終令讀者致疑。先生證以昏禮、內則、尚書大傳，則益昭若發矇矣。然但據此以爲室有東戶之證，則可；若因內則"妻抱子出自房"一語，遂斷定諸侯以下燕寢悉無南戶，未敢以爲然也。何者？經云出自房，正以室自有南戶以達堂，而妻出不由室戶，故特言自房，所以然者，婦人義不敢當室，特牲饋食禮主婦致爵于主人，席于室；主人致爵于主婦，席于房中，明室者，男子之所專統；房者，婦人之所專統。蓋房爲陳衣服、豆籩之所，婦人職主中饋縫紉，故位常在房。又士冠禮將冠者采衣紒，立于房，是房亦爲子位。然則，見子而抱之出房者，妻道也、子道也，豈必側室之果無南戶哉？記曰"未有入室而不由戶者"，其爲燕寢乎？正寢乎？不可得而知也。士昏禮昏期婿揖婦入寢門，升自西階，即云夫入于室，燕寢之室，果無南戶，經曷不云適房，入于室，又曷不云入自房乎？若云經文徑省，則經于"説服于房"，上云"主人出"，下云"主人入"，以其無入房出房之文，而決燕寢之室房有戶以相通，而謂此不足爲堂室有戶相通之證，斯又兩歧之説矣。公羊傳言晉靈公使勇士某者往賊趙盾，勇士入其大門，則無人門焉者；入其閨，則無人閨焉者；上其堂，則無人堂焉者；俯而窺其戶，方食魚飧。古人食必于燕寢，上堂而即云窺戶，是卿大夫燕寢有南戶也。吳越春秋"要離衆辱椒丘訢，訢夜往攻要離，至其門，不閉；登其堂，不關；入其室，不守。散髮僵臥"，是士庶人燕寢有南戶也。周漢古書猶存，室無南戶，未之前聞。張平子東京賦云："九龍之內，實曰嘉德，西南其戶，匪彫匪刻，我后好約，①乃宴斯息。"是斯于"西南其户"爲天子燕寢之制，平子已爲此説，亦可見鄭義之有所授。毛公以西向户、南向户釋經，箋云"西其户者，異于一房者之室户也"。蓋以一房之室，惟有東向户以達房，此有西房，則亦有西向户矣。故曰異于一房者之室户。經不云"東南"而云"西南"者，東向户尊卑所同，舉東不可以該西，舉西可以該東也。路寢每室四户，而此經云西南，又疑于尚有北户，故箋又云路寢制如明堂，每室四户，是室一南户耳。一南户云者，言燕寢無北户也。其申釋毛義，亦可謂心苦爲分明矣。而孫毓異同評、李善文選注皆以殿舍之多爲言，云猶南東其畝，均之非毛公意也。天子燕寢制如諸侯路寢，則諸侯路寢之室疑亦有東户。少牢禮改饌豆于房中，而下文設豆則云主婦薦自房，不言其出，與鄉飲酒禮之言薦出自東房者異文，蓋鄉飲酒禮薦于堂，堂與房有内外，故言出。少牢薦于室，房統于室，故不言出，是大夫宗廟之室，固有東户，然此猶廟制而非寢制。士喪禮庶兄弟朋友襚，皆委衣于户東牀上，襚者出，後徹衣者執衣如襚，以適于房，不著出入之文。特牲饋食禮佐食授祭之前，亦云主婦適房，士冠禮屢見適房之文，特牲與冠禮之適房自堂，士喪禮之適房自室。兩者文同，自堂者入室南户，則自室者出室東户，可比較而知。士之正寢如是，諸侯卿大夫宜莫不然，又烏得謂正寢之室無東户哉？

---

① 好，原作"崇"，據文選東京賦改。

與胡竹村論燕寢室户制度書二

　　辱蒙惠教，循循之誘，捧誦再三，茅塞頓啓。慎言素持江慎修先生一室三户之論，是其所習，而于東房西室疑問所云天子燕寢，諸侯以下正寢室無東户，諸侯卿大夫燕寢室無南户者，心竊疑焉。故前者敢逞臆説，譾譾之學，援引失據，非先生振發之，則沈錮終身不起矣。然愚昧之見，終未能釋然，敢再爲先生陳之。

　　天子燕寢之有左右房，詩箋言之，而其室户之或一或三，于經絶無顯證。然斯于詩渾言“西南”，而毛傳則云西向户、南向户，鄭箋則以西其户、南其户者分釋之，明“西”“南”二字，是離析之辭，非合一之辭也。西字與東字對，南字與北字對。東向有户，故箋釋西而云異于一房者之室户；北向無户，故箋釋南而云是室一南户耳。來教云一字正與四字對，既云是室一南户，則鄭不特以天子燕寢無北户，且并無東西户矣。若必謂此箋謂申明無北户之義，則當云每室四户，是室無北户耳，或云每室有南北户，是室一南户耳，其體箋語可云微至。然路寢四户皆外向，而燕寢之東西户以達房，堂上不可見，所可見者，惟南户耳。就室中言之，則三户；就堂上言之，則云一南户。即如先生教，以一字與四字對，慎言前説于義亦非真不可通也。新書官人篇云：[1]“君開北房，從薰服之樂，則厠役從。清晨聽治，罷朝而議論，從容澤燕。夕時開北房。”案北房即北堂，房半以北爲堂，故北堂亦通名爲北房，薰服之樂奏于房者也。澤燕至夕，從樂而開北房，尚得謂天子燕寢之室無户以達房乎？又古世子始生，見天子亦于燕寢，賈子新書立後雜義篇云：“古之聖帝將立世子，則帝自朝服升自阼階上，西鄉于妃，妃抱子自房出，東向。”此尤燕寢有東向户之切證也。内則子生三月之末，見于側室一節，先生

---

①　“新書”，原作“大戴禮”，案引文出自新書官人篇，非大戴禮也，據改。

援以爲室有東户、無南户之據，而慎言疑婦人義不敢當室，位在房中，故出必由房，非關室之無南户。來教云不敢當室，謂不敢當宗廟與正寢之室，則可；若以例之燕寢之室，似未可。又引詩"入此室處""室人交徧讁我"爲盲者解惑。慎言竊以不敢當室者，婦人卑遜之義，位在于斯，故出必由斯，豈真謂其不處于室哉？又豈謂其并不得名爲室人哉？妻之于夫，猶臣之于君，君適其臣，升自阼階，莫敢爲主，則側室雖妻所專統，而當其抱子見父，則禮不敢苟，况天子燕寢之室，固有南户矣。而妃抱世子見天子，亦出自房，則内則所云，其關于室之無南户乎？不關于室之無南户乎？此不待煩言而決也。曲禮將上堂，聲必揚，户外有二屨，言聞則入，言不聞則不入。將入户，視必下。此所言户，正寢之南户也。而韓詩外傳云："孟子娶田氏，踞，孟子入户，視之，欲去之。母曰：'何也？'曰：'踞。'曰：'何知之？'曰：'我見之。'母曰：'乃爾無禮也。禮不云乎：將上堂，聲必揚；將入户，視必下。不掩人不備也。今汝往燕私之處，入户不聞聲，令人踞而視之，是汝無禮也。'"由外傳所言，合之曲禮，凡東房西室之亦必有南户也，審矣。又不獨士昏禮"升自西階，夫入于室"一語足爲確據也。昔人已成之書，晚年恒多更定。凡諸疑竇，願先生更詳正之。

與劉孟瞻論左氏舊疏書

孟瞻大兄足下，尊箸左氏舊疏考正前承命校勘，所粘簽肆其胸臆，率爾之哂，殊所不免，非敢以爲有助于兄爾，冀兄之有以發吾覆耳。兄乃不以爲謬，重命弟爲之審定，謙謙之度，雖古人何以遠過？弟不揣愚陋，因再加校閱，圈出一百六十餘條，凡此諸文，或從實處求是，或從虛處尋根，其爲舊疏義可無疑。但此出自弟一人之私見，容有未盡，當須與子韻、小城諸君子更商之。"甲午治兵""會晉師于棐林""知悼子"三條，尊箸以疏爲述義原文，弟求之文意，皆爲沈文阿舊説。推尋上下，脈絡分明，似爲不謬。惟兄裁正之。亡書與攻賈、服二事，雖涉景響，以弟觀之，且屬可信。民間載籍，固有官書所未備者，然當日六朝人既爲杜氏作疏，其于訓詁典物文義宜廣爲徵引，詎故留而不發，待後人補緝邪？正義序言奉敕删定，删者，删其繆誤繁文；正者，正其是非得失。則正義之作，沖遠特據舊本爲去取，故四載之間，即能成此盛業。弟意亡書似不必別錄，但于首一條詳立一案，餘則可從省文，攻賈、服者亦可依此爲例，但疏家專事護注，凡所糾正，先儒語不盡快心，或可更別而出之，一一爲之辨明，與考正一書相輔而行，亦一盛事也。兄以爲然否？"王肅生卒考"甚精核，足見平日讀史細心之功。弟近作説公羊文廿篇，尚未寫出，容再行呈正也。

與劉孟瞻論史記周世家書

孟瞻仁兄足下，日前呈說經文三篇，極蒙糾正，切切之益，受賜良多。夫時至今日，去古浸遠，遺文散佚，徵信無從，抱殘守缺，乃吾輩之分。好爲議論，比方不已，武斷必生，此唐以後說經者之通弊，而弟之所患適有類乎？此雖自知之，結習所存，時復不能自忍覺。拘守古人之言，唯唯諾諾，于心終有不安。此其所以欲自抑而卒蹈之也。公劉遷邠之說，弟據史記以改毛傳，破亂家法，而旁生異議，此誠不免于漢儒之所譏。然統核傳記、邠譜與公劉傳、箋，終有難通，正義雖曲爲彌縫，展轉調停，支離愈甚。今請縱言之，以折衷于吾兄焉。

國語言“昔我先世后稷以服事虞夏。及夏之衰，棄稷不務，我先王不窋用失其官，而自竄於戎狄之間”，是則后稷舊封，不窋已失之，興復邠基者，更有何王？公劉胡緣得居於邠？陳長發據竹書紀年少康三年復田稷，謂復其官，必并復其國，以爲毛援。證之以邠譜，則公劉與太康同時，復田稷反在其後，已屬不合；若既不信譜說，而以世次爲定，無論公劉在太康時不可信，即韋昭不窋當太康世之說亦不可信。戴東原先生毛鄭詩考正以婁敬傳云“公劉避桀”，謂不窋爲公劉祖，當在孔甲時，其論似允。鄭氏與韋氏拘於史記“后稷卒，子不窋立”之文，故歧誤特甚。但周本紀上言“后稷之興，在陶唐虞夏之際，皆有令德”，下一“皆”字，則自棄至窋，其間非止一人可知。不窋之父，史失其名，史公無以知之，故但舉其官，決非棄也。玩之本文自明，特二子誤會耳。然則，周家世系自不窋以前，乃無可考。不窋之後，繼以公劉奮興，典文牒記，尚有可尋，其中復后稷舊封，史傳胡不一及之？孔氏邠風譜疏云：“不窋之時已竄邠地，尚往來于邠國，至公劉而盡以邠民遷之也。”又云：“本紀云：公劉卒，子慶節立國于邠。定國于邠，自公劉始也。”如其說，

則不窋尚未去邰，穆公斥之爲竄，是誣其先公也，可乎？且既云不
窋已竄邠地，尚往來于邰，則固謂不窋身處邠地矣，而又云"定國于
邠，自公劉始"，是又自相矛盾。孟子引詩而云"居者有積倉，行者
有裹糧"，居、行對舉，是公劉固未嘗墟其本國，而孔云"盡以邰民遷
之"，亦復與孟子不合。至於韋昭國語注云"邠西近戎，北近狄"，此
所謂邠，恐非豳居允荒之邠。方輿紀要云："陝西慶陽府，禹貢雍州
地，周之先不窋所居，亦曰北邠。"稽古編謂即韋昭説。然則，不窋所居，
亦名爲邠，去公劉所邑，尚二百餘里，孔氏混合爲一，亦誤，則史記
所云"身在戎狄間"者，不得爲邠，斷可識矣。要之，史記、毛傳斷不
可合，以其俱出于古，而兩存之，可也。必比而同之，此所謂欲兩
盡，必致兩窮者，沖遠之議，殊爲費辭。囂囂之語，知兄不以爲瀆，
故敢再陳其鄙見，願兄之有以解其蒙而祛其惑也。先配後祖説，兄
所開導甚是，此重疑案，必須有以決之，祈吾兄暇時更詳正焉。

劉母淩孺人家傳

　　孺人諱某，字某，姓淩氏，國子監生儀徵劉君錫瑜之室人，優貢生文淇之母也，世爲揚州泰州人。祖某遷郡城爲江都人，父某處士，母張氏，年二十五歸國子君。時國子君已當室，孺人爲内主，幹理家政，勤儉有紀，生子女各一。國子君長者，業醫以供衣食，而恬淡不與人爭利，家口既繁，屢至困乏，稱貸倍息，用是爲債家所迫，月常數日不舉火。然國子君有姊媥居無出，孺人啓國子君延之同居，與共甘苦十餘年，終始無纖芥，三族莫不多之。揚州尚侈靡，婦女不事酒漿組紃，每佳辰良景，攜儔命侶，泛舟湖上，閒暇或傳食親串，分曹遊嬉，貧富相耀，因以成俗。孺人事國子君四十餘年，自非歸甯暨問疾弔喪、戚黨冠昏，未嘗出閨閫，人尤以爲難。文淇少小知名，年十九，補博士弟子，國子君馳至試所治事。有庶姓某，饒於財，欲得以爲壻，念孺人食貧甚，可以利動，走媒氏致意，以千金爲奩贈。孺人曰：“如此是以貨昬也。”卒謝之。嘉慶二十年，文淇食餼，又五年，以經術受知於學政，侍郎湯公舉優行貢入成均，親族畢賀。孺人戒文淇曰：“盛名難副也，兒惟力學敦行，無負所知。”臨終遺命，猶重申此意。其識大體如此。道光元年八月初二日卒，年六十六，文淇次述淑行，以屬其友包慎言，慎言掇其尤重大可爲世矜法者著於篇。

文學汪君哀辭

余性迂拙，寡所偕，旅揚幾二十載，所與交遊者，不過十數人，君其一也。君諱穀，字小城，少工制舉業。弱冠時應童子試，爲學使者所器，拔冠一邑，聲明籍甚，咸謂科名可計日待，而君顧歉然不自足。時同郡甘泉薛君傳均子韻、儀徵劉君文淇孟瞻以古學相砥礪，鄉里多非笑之，君自與二君遊，喜曰："吾今乃知爲學之方矣。"因盡變其所習，研求經史，晝夜不輟，自恨識二君之晚。二君以弟畜君，而君之事二君也如師。凡二君所與遊者，君無不傾身與之。接於人，取其長而不苛求其短，蓋同列之中，好善之誠，遷善之速，避善之勇，莫君若也。然君竟以是得咯血疾，疾凡八年而君卒。方卒之前二日，余聞君疾，亟偕孟瞻趨視君，君危坐於牀矣，謂余曰："死者，人之所有，吾復何恨。"越日，余晨起欲再視君，而報君死者已在門矣。嗚呼，痛哉！君才卓而志遠，常欲有所樹立以自傳於久遠，既以疾不克伸其意，因鬱鬱不樂，遂以生爲塵垢而死爲歸休也。然所居室，左圖右史，筆研精潔，足以知其身雖病而志有在矣。歸熙甫表方曾彥，[①]謂其才可有爲，而以困於有司，汨没俗學，繼乃頹然自放，因嘆息於成才之難。余獨怪天之艱於生才，往往數千百人之中而始遇一人。乃亦既生之，猶復多方厄塞，以阻其氣而亂其守。若夫守堅志定，得失不以擾其心，榮辱不以攖其慮，毅然以一身與古人相後先而從之，則又遽隕其年而促其壽。夫豈造物者之果不欲成人美與？余於君蓋不能無疑焉。君之没也，孟瞻既以爲之傳，余故作哀辭以抒其哀云。辭曰：

勸學如君兮，吾黨所希。謂君遠到兮，天胡不遺。生死旦暮

---

① 曾彥，疑當作"思曾"，歸有光震川集有亡友方思曾墓表文。

兮，孰究端倪。未知生樂兮，焉知死悲。生爲逆旅兮，視死如歸。疇昔撤瑟兮，不憾而怡。入門弔君兮，君其有知。余固未覺兮，能無哀痛而歔歟。

跋

右廣英堂遺稿一卷，涇縣包孟開先生所著也。先生爲皖中宿
學。道光乙未舉於鄉，屢上春官不遇。客遊南北，數更府主，以名
義自檢飭，困窮不憫，授經以終。先生早歲之學，最深於詩，嘗條舉
鄭氏實翼毛而正義誤説者十餘事。中年以後，兼治公羊，以禮記中
庸爲春秋綱領，欲取公羊義疏證中庸，而未有成書，惟取兩漢書曆
志所述殷曆，作公羊曆譜，以正杜氏長曆之謬。又博采漢唐以前説
論語者，斷以己意，爲論語溫故録。於內部書最耆管、荀二家。嘗
擇其切於身心世用者，甄録成書，自謂出方靈皋節本上。今惟曆譜
暨溫故録有傳鈔之帙，餘悉佚不可見。其生平客揚州最久，與寶應
劉孝獻先生暨先大父爲道義交。孝獻著論語疏，先大父著左氏舊
疏考正，皆采坿先生之説。道光丙午秋，先生客遊袁浦，與先君子
同校史籍考，共晨夕者兩載，忘年折節，談藝極歡。咸豐辛酉，先君
子哀集先生遺文，得十二篇，付壽曾編寫。同治乙丑，先君子客江
甯，孝獻喆嗣叔俛先生出所藏敏甫文録，篇第略相等。既釐定其文
字，共謀所以永其傳者。時洪琴西先生亦客江甯，於先生爲同里，
素重先生學行，因舉以相屬。人事牽綴，未及爲而先君子捐館。己
巳冬，琴西先生續訪得遺文二篇，合前所編定者，共十四篇。乃與
先生從弟興實先生集約同志釀金付梓，既蕆事，命壽曾記其緣起。
壽曾童時曾拜先生於庭，器宇淵粹，望而知爲端人長者，乃俯仰二
十年而言論丰采不可復覩。敬檢遺書，既幸先生之學稍得表見於
後，又痛先君子之不及見也。故謹揭先生爲學之大旨與夫兩世交
誼，並是集傳刻之難，以告讀者。

同治己巳冬十一月後學儀徵劉壽曾謹識。